ars vivendi

JOHANNES WILKES

DAS KLEINE FRANKEN BUCH

Facetten einer Region

ars vivendi

Liebe Leserin, lieber Leser,
sicher ist Ihnen auf dem Einband das Aktions-Logo des Vereins Junge Helden (www.junge-helden.org) aufgefallen. Man kann sich dieses Signet auch als Tattoo stechen lassen und damit signalisieren, dass man als Organspender zur Verfügung steht. Warum setzt der ars vivendi verlag mit seinen Büchern buchstäblich dieses Zeichen? Hätte ich selbst im Jahr 2006 nicht in allerletzter Sekunde das große Glück gehabt, eine Spenderleber zu erhalten, würden Sie dieses und viele andere Bücher von ars vivendi nicht in den Händen halten. Es ist mir ein Herzensanliegen, mich dafür einzusetzen, dass sich mehr Menschen bereit erklären, Organe zu spenden und damit Leben zu retten.
Ihr Norbert Treuheit, Verleger und Geschäftsführer

Erweiterte und überarbeitete Neuausgabe
2. Auflage Mai 2025

info@arsvivendiverlag.de
www.arsvivendi.com

Lektorat: Eva Elisabeth Wagner, Kaja Sturmfels
Cover: Carlotta Kiefhaber
Umschlaggestaltung und Satz: ars vivendi
Druck: Bookpress.eu
Printed in Europe

ISBN 978-3-7472-0451-1

Das kleine Franken-Buch

Inhalt

Vorwort zur erweiterten Neuausgabe

Franken ist ein Land, das sich stets neu erfindet. Trotz aller Liebe zur Tradition. Darum war es uns ein Anliegen, auch dieses Buch zu überarbeiten, zu aktualisieren und um wichtige Kapitel zu erweitern. Sie erhalten nun Insider-Tipps für Tagesausflüge und kulinarische Entdeckungsreisen, wir informieren Sie ausführlicher über das fränkische Welt-Erbe und über die Psychologie der fränkischen Heiterkeit. Zudem verraten wir, wie man erfolgreich mit einem Franken flirtet und durch das Studium der fränkischen Windskala erfahren Sie, was dem bayerisch-fränkischen Ministerpräsidenten bei Windstärke 7 passiert. Viel Vergnügen!

Johannes Wilkes, im Januar 2023

Der Franke – eine Begriffsklärung

Nomen est omen. Die Herkunft eines Namens zu klären, kann viel über den Namensträger aussagen. Das Wort »Franke« hat zwei Bedeutungen. Wörtlich übersetzt heißt es »der Kühne«. Diesen Namen wählten die germanischen Stämme mit Bedacht, war es doch ausgesprochen kühn, sich mit dem römischen Weltreich anzulegen. Die Kühnheit wurde zum fränkischen Wesenszug. Kühn war es von Karl dem Großen, einen Graben zwischen den Flusssystemen von Main und Donau anlegen zu lassen, um das Schwarze Meer mit der Nordsee zu verbinden. Kühn war es, vor die Kutsche ein dampfendes Ross zu binden und es von Nürnberg nach Fürth galoppieren zu lassen, kühner noch, Lothar Matthäus ein Mikrofon hinzuhalten. Die zweite Bedeutung des Wortes »Franke« ist »der Freie«. Heute noch kennen wir diesen Zusammenhang aus dem postalischen Bereich. Einen Brief frankieren heißt nichts anderes, als ihn frei zu machen. Der Ausdruck »frank und frei« ist eine schlichte Tautologie, denn frank und frei bedeuten ein und dasselbe.

Damit kommen wir zu einem weiteren Wesenszug des Franken. Der Franke lässt sich nicht gerne befehlen. Nicht mal von seiner Ehefrau. Sein Freiheitsdrang ist legendär. Bis heute. »Frei statt Bayern« kleben sich viele Franken an ihre Autos. Über sich duldet der Franke nur eins: den weiten fränkischen Himmel. Am liebsten hält sich der Franke darum im Freien auf, auf den Kellern und in den Gärten der Gastwirtschaften. Dort sinniert er dann bei einem Seidla oder einem Schoppen Wein über sich und die Welt, als freier Geist unter freien Geistern. Am schönsten aber ist es immer, wenn sich der Freiheitssinn des Franken mit seiner Kühnheit paart. Dann entstehen Sternstunden der Menschheit. In der revolutionären Art, die Kunst neu zu interpretieren, wie es Albrecht Dürer getan hat, in den ebenso kühnen wie freien Gedankenwelten eines Ludwig Feuerbach, einem Vordenker der Moderne, im Unternehmertum eines Max Grundig oder Gustav Schickedanz oder in der Politik eines Ludwig Erhard. Oder in der Art, das Mittelfeld der deutschen Nationalmannschaft zu beherrschen, wie es Lothar Matthäus gelang. Frei und kühn, fränkisch im besten Sinne.

Wo beginnt, wo endet Franken?

Was ist Franken? Wo fängt es an, wo endet es? Wo sind die Grenzen zu ziehen? Ist Franken die Summe der drei bayerischen Bezirke? Unterfranken plus Mittelfranken plus Oberfranken? Oder ist Franken überall dort, wo Fränkisch gesprochen wird? Allmächd, dann wird's komplizierter. Dann kommen noch zahlreiche Gebiete hinzu. Zum Beispiel Thüringen südlich des Rennsteigs. Und Teile der hessischen Rhön. Und bestimmte nördliche Landschaften Schwabens und Badens. Und manche Randgebiete, die politisch in Oberbayern oder der Oberpfalz liegen. Allerdings müsste man sich von mancher Region auch trennen. Zum Beispiel von Aschaffenburg, wo Hessisch gesprochen wird. Soll man sich für die politische oder die sprachliche Lösung entscheiden? Schwierig.

Wir schlagen einen dritten Weg vor, der uns der demokratischste scheint: Lassen wir doch die Menschen selbst entscheiden! Franken soll für uns überall dort sein, wo sich die Menschen als Franken bezeichnen. All denjenigen, die es ganz genau wissen wollen, sei folgender Trick verraten: Fingern Sie beim Dorfmetzger umständlich in Ihrem Geldbeutel und legen mit dem Ausdruck tiefsten Bedauerns einen Cent zu wenig auf die Theke. Sagt der Metzger »Bassd scho!«, sind Sie in Franken. Oder der Metzger ist ein fränkischer Exilant.

Franken – Europas allerschönster Mittelpunkt

Aus der Mitte des 19. Jahrhunderts stammt ein schönes Gedicht, das die geographische Lage Frankens erstaunlich genau beschreibt. Es stammt von dem großen Dichter und Sprachgelehrten Friedrich Rückert, einem echten Franken, über den Sie in diesem Buch noch einiges lesen werden. Die ersten Zeilen lauten::

> Deutschland in Europas Mitte,
> Und in Deutschlands Mitte Franken …

Wem ein Gedicht zu ungenau ist, der muss anfangen zu rechnen. Da es aber verschiedene Verfahren zur Mittelpunkt-Berechnung gibt und die Grenzen zu Asien nicht eindeutig festgelegt sind, bezeichnen sich heute viele Orte als Mittelpunkt Europas. Etwas eindeutiger und umso interessanter ist das Ganze bei der Europäischen Union. Die ist ja ein höchst dynamischer Staatenbund, dynamisch ist deshalb auch ihr Mittelpunkt. Munter wanderte er in den letzten Jahrzehnten über die europäische Landkarte. Schneidet man die EU aus Karton aus und legt dieses Stück Karton so auf eine Nadel, dass sich die Karte im Gleichgewicht befindet, zeigte die Nadelspitze zwischen 1995 und 2004 auf den kleinen Ort Viroinval in Belgien. Als man die Union am 1. Mai 2004 nach Osten erweiterte, musste man die Nadelspitze über den Rhein spazieren lassen und platzierte sie bei Kleinmaischeid bei Neuwied, wo man stolz einen Gedenkstein in Zirkelform setzte. Diesem von den Franzosen ermittelten Ort aber widersprachen Wissenschaftler der Universität Bonn, welche den Kaschubenweg in Cölbe als Mittelpunkt bestimmten, der flugs mit einer Blechtafel versehen wurde. Am 31. Dezember 2006 aber drohte die schwebende Karte erneut aus dem Gleichgewicht zu geraten, die nächste Ost-Erweiterung verschob das Herz der EU ins hessische Gelnhausen. Drei Tonnen bringt der dortige Gedenkstein auf die Waage, befüllt wurde er mit Erde aller Mitgliedstaaten. Dann kam 2013 Kroatien hinzu, nun wanderte das Zentrum der EU erstmals nach Franken, nach Oberwestern bei Aschaffenburg, eine wacklige Angelegenheit, denn mit dem Beitritt von Mayotte, eines französischen Übersee-Départements, ging es einen halben Kilometer zurück nach Westen. Dort wäre das Zentrum der Europäischen Union heute noch zu bewundern, wenn, ja wenn nicht Boris Johnson und der Brexit dazwischen gekommen wären … Mit dem Austritt Großbritanniens drohte die Papp-EU nach Osten zu kippen. Gut, dass es Gadheim bei Würzburg gibt! Mit dem neuen Mittelpunkt vom 31. Januar 2020 ist die Balance wieder hergestellt. Die Gadheimer haben sich alle Mühe gemacht, den besonderen Ort hübsch zu gestalten. Weit geht der Blick von der Anhöhe über die Felder, man hat eigens Blühwiesen angelegt, um Bienen anzulocken und zu zeigen, dass Europas Zukunft auch mehr

Raum und Rechte für die Natur bedeuten muss. Ob die Gadheimer Nadel lange Bestand haben wird? Man wird sehen. Franken jedenfalls ist spätestens seit dem Mittelalter ein würdiges europäisches Zentrum, die fränkischen Grenzen waren immer offen, viele Handelsstraßen durchzogen das Land. Abschottung ist etwas für andere. »Frank« bedeutet nicht umsonst »frei«, offen und frei, so wünschen wir uns auch Europa, das große Friedenswerk. Und wenn der Mittelpunkt weiterwandern sollte? Kein Problem! Aber bitte das nächste Mal nicht durch einen Exit, sondern durch einen Beitritt.

Der gefühlte Mittelpunkt Europas aber liegt natürlich immer dort, wohin unser Herz uns zieht. Deshalb seien die weiteren Zeilen von Friedrich Rückerts schönem Mittelpunktgedicht nicht verschwiegen:

In des schönen Frankenlandes
Mitte liegt ein schöner Grund.
In des schönen Grundes Mitte
Liegt ein schöner Garten;
In des schönen Gartens Mitte
Liegt der Allerschönsten Haus.
Fragt ihr noch, warum ich immer
Mich um dieses Häuschen drehe,
Als um meines Vaterlandes
Allerschönsten Mittelpunkt?

In der ursprünglichen Version des Gedichts spricht Rückert statt von dem »schönen Grund« vom Baunachgrund. An der Baunach in der Nähe von Ebern stand die »Specke«, ein Gasthaus, in dessen hübsche Wirtstochter sich der junge Rückert unglücklich verliebt hatte. Sehr weit ist Ebern nicht von Gadheim entfernt, wer weiß, wenn die Ukraine in die EU aufgenommen wird … Rückerts geografische Vorstellungen von Europa sind zeitlos gültig.

Über die Geschichte der Franken

Wer war der erste Franke? Der Urfranke? Dass die Gegend um den Main schon früh besiedelt wurde, weiß man schon lange – eine solch schöne Landschaft bleibt nicht ohne Bewunderer. Der Beweis für frühe Migranten ist der Fund des Backenzahnes eines Neandertalers in einer fränkischen Höhle. Erstmals erwähnt wurden die *Franci* in römischen Quellen des 3. Jahrhunderts. Kleinere westgermanische Grenzstämme hatten sich unter diesem Namen verbündet. Die Römer mochten die Franken nicht besonders. Die frechen Germanen wollten einfach den Limes nicht akzeptieren, kletterten bei Dunkelheit über die Mauer und plünderten nach Herzenslust. Anfangs noch eine übersichtliche Horde, schwangen sich die Franken im 6. Jahrhundert zur Großmacht auf. Unter dem merowingischen Fürsten Chlodwig I. verlegten sie ihre südliche Grenze kurzerhand bis zu den Pyrenäen, die Söhne Chlodwigs gliederten noch Burgund und Thüringen ein, sodass Franken auf die Größe des heutigen Frankreichs, der Beneluxländer und Südwestdeutschlands heranwuchs. Nach den Merowingern übernahmen die Karolinger die Macht. Am 25. Dezember 800 wurde Karl der Große zum neuen römischen Kaiser gekrönt, womit Franken endgültig zur Großmacht aufstieg. Die Franken als die neuen Römer, das war doch was!

Die erste Generation baut's auf, die zweite erhält's, die dritte zerstört's. So ging es auch mit dem Frankenreich. Die drei Enkel Karls des Großen teilten das Reich unter sich auf, eine Entscheidung mit weitreichenden Folgen. Aus dem Westen wurde Frankreich, aus dem Osten Deutschland. Beide sollten sich künftig blutig um das Mittelreich, um Lotharingien, streiten – bis ins letzte Jahrhundert hinein. In Deutschland verlor sich nach und nach das fränkische Selbstbewusstsein, in vielen vormals fränkischen Gebieten bezeichneten sich die Leute plötzlich als Hessen, Rheinländer oder Pfälzer. Stolzer Franke war und blieb man aber in den Gegenden um den Main. Wer heute dort lebt und sich Franke nennt, ehrt also über 1.600 Jahre alte durchgehend fränkische Geschichte.

Franziska

Die Franken sind ein friedliches Volk, reizt man sie aber, können sie sich durchaus zur Wehr setzen. Waffen aus fränkischen Schmieden waren von alters her gefürchtet. Heute noch werden in Nürnberg, bei der Firma Diehl, schlagkräftige Kriegsinstrumente produziert. Natürlich nur zur Abschreckung. Die vielleicht bekannteste fränkische Waffe ist ein frühes Artilleriegeschoss, eine spezielle Wurfaxt, nach ihren fränkischen Erfindern »Franziska« genannt. Besonders im 5. und 6. Jahrhundert gehörte Franziska zur Basisbewaffnung der merowingischen Franken. Die Unterkante beschreibt ein auf den Kopf gestelltes U, die Oberkante aber ein charakteristisches S. Ein Pfund bis ein Kilo schwer, konnte Franziska, aus einer Entfernung von gut zehn Metern geworfen, jedem Römer Kopfzerbrechen bereiten. Franziska spaltete selbst den stabilsten Römerhelm. Samt Inhalt. Natürlich nur mit etwas Übung. Im Pfalzmuseum in Forchheim findet sich ein gut erhaltenes Exemplar.

Die Geschichte der Markgrafen

Das immer reicher mit Gütern ausstaffierte Bistum Bamberg wurde König Heinrich III. zu mächtig. Um 1040 setzte er eine trutzige Burg auf einen Sandsteinfelsen nahe der Pegnitz, und sein Nachfolger Konrad III. belehnte um 1100 die niederösterreichischen Grafen von Raabs damit. Den Raabs aber wurde bald kein männlicher Rabe mehr geboren, so kam die Nürnberger Burg 1190 in die Hände eines Schwiegersohns, Friedrichs I. von Zollern. Die Zollern erkannten schnell, wie schön doch auch das übrige Franken war, erbten und kauften und kauften und erbten, im obergebirgischen und im untergebirgischen Land, immer größer wurde ihr fränkischer Flickenteppich. Das wiederum wurde den Nachbarn unheimlich, und Herzog Ludwig VII. von Bayern-Ingolstadt zerstörte 1420 kurzerhand die Nürnberger Burggrafenburg.

Der Schmerz der Zollern, die sich mittlerweile Hohenzollern nannten, hielt sich in Grenzen. Sie verkauften die Ruine günstig an die Stadt

Nürnberg und begnügten sich mit ihren obergebirgischen Ländereien mit Kulmbach als Residenz und den untergebirgischen Ländereien mit der Residenz in Ansbach. Weil die Familie zudem im Jahre 1415 von König Sigismund mit der preußischen Mark Brandenburg belehnt wurde, führten die Hohenzollern nun den Titel eines Markgrafen und benutzten diesen auch für ihre fränkischen Stammgebiete. Mal regierte man beide Markgrafschaften getrennt, mal gemeinsam, ein unordentlicher Zustand, dem Albrecht Achilles mit seinem Testament ein Ende setzte: Seine beiden jüngsten Söhne sollten je einen Teil erhalten, und damit es keinen Streit darum gab, wer Markgraf von Kulmbach und wer von Ansbach wurde, sollte das Los geworfen werden. Von nun an waren das untergebirgische und das obergebirgische Territorium endgültig getrennt, auch wenn man sich gelegentlich, bei unerwarteten Todesfällen etwa, herrschaftstechnisch unter die Arme griff. Familie ist schließlich Familie.

Markgraf Christian von Brandenburg-Kulmbach fand die in die Jahre gekommene Plassenburg unmodern und spießig und wählte Bayreuth als neue Residenz. Richtig fein wurde es in Bayreuth aber erst, als Friedrich III. 1735 Markgraf wurde. Mit seiner kunstsinnigen Gemahlin Wilhelmine, der Schwester Friedrichs des Großen, baute er sich ein neues Stadtschloss, ein prächtiges Opernhaus und die Eremitage. So viel Glanz war nie. Sein untergebirgischer Verwandter in Ansbach, der »wilde Markgraf«, wollte da nicht zurückstehen und machte ebenfalls jede Menge Schulden, um seine Schlösser aufzupolieren. Schließlich wollte im Barock jeder ein kleiner Sonnenkönig sein, mit einem Mini-Versailles als Residenz. Die Wiedervereinigung der beiden Markgrafschaften war zugleich deren Ende. Markgraf Karl Alexander von Ansbach erbte mit dem Erlöschen der Bayreuther Linie das »obere Gebürg«, verkaufte aber 1791 aus verschiedenen Gründen heimlich beide Fürstentümer an die Berliner Verwandtschaft und züchtete mit dem Erlös in England Pferde. Entweder hatte er zu viel Shakespeare geguckt (»A horse, a horse, my kingdom for a horse«) oder er hatte sich gedacht, die Revolution kommt eh, versilbern wir lieber noch alles, bevor man uns ans Leder will.

Der Fränkische Reichskreis

Der 2. Juli des Jahres 1500 war ein für Franken bedeutsames Datum. In Augsburg war der Reichstag zusammengetreten, alle Fürsten und hohen Adeligen des Heiligen Römischen Reiches Deutscher Nation waren erschienen. Eine gewaltige Aufgabe musste geschultert werden. Die Zersplitterung des Reiches in unzählige Herrschaftsgebiete stand nicht länger im Einklang mit einer funktionierenden, modernen Verwaltung. Es war dringend notwendig, den Stall auszumisten, eine wahre Herkulesaufgabe, denn die Streitigkeiten und Animositäten untereinander waren groß. So kann es als echte Großleistung gewertet werden, dass man sich tatsächlich einigte.

Sechs Verwaltungseinheiten wurden geschaffen, die sogenannten Reichskreise. Auf diese Weise entstand der Fränkische Reichskreis mit den Hochstiften Bamberg, Würzburg und Eichstätt, den beiden zollerischen Fürstentümern Ansbach und Kulmbach sowie den Reichsstädten Nürnberg, Rothenburg, Windsheim, Schweinfurt und Weißenburg. Diese sollten sich nun auf ein gemeinsames Münzwesen, die Sicherung des Landfriedens und auf die Stellung gemeinsamer Truppen für den Kaiser einigen. Meist tagte man dazu im Nürnberger Rathaus, in Nürnberg wurden auch die Finanzen verwaltet.

Erwartungsgemäß tat man sich bei den Beratungen schwer. Zu unterschiedlich waren die Partikularinteressen. Hinzu kam die tiefe Skepsis der fränkischen Ritterschaft, die an ihrem eigenen Zirkel festhielt. Prekär war dieser Zwist für den Landfrieden. Als der Markgraf Albrecht Alcibiades beschloss, sich zum Herrscher von ganz Franken zu machen und das alte Herzogtum Franken wieder zu errichten, stellte sich der Fränkische Reichskreis nicht entschlossen dagegen. Heftigen Plündereien fielen im Zweiten Markgrafenkrieg von 1552 bis 1554 zahlreiche Dörfer und Städte zum Opfer. Um solchen Aktionen besser vorzubeugen, übertrugen Kaiser und Reich weitere Hoheitsrechte auf die Reichskreise, der Fränkische Reichskreis erließ 1572 sogar eine eigene Polizeiordnung. Besonders segensreich wirkte sich die vereinheitlichte Münzordnung aus, an der man auch die bayerischen und schwäbischen Kreise beteiligte. Eine wirtschaftliche Blüte war die Folge.

Was keiner geglaubt hatte: Der Fränkische Reichskreis sollte 300 Jahre existieren. Und funktionieren. Trotz aller Differenzen. 1791 wurde das Ende eingeläutet, als Markgraf Karl Alexander von Ansbach und Bayreuth seine Fürstentümer an die Berliner Verwandtschaft verkaufte, das Land Preußen. Für eine Leibrente von 300.000 Gulden. Fortan bestimmten die Preußen in Franken mit. Der preußische Statthalter Hardenberg verfügte gleich am Anfang, dass die Truppen von Bayreuth-Ansbach nicht mehr dem Fränkischen Reichskreis, sondern dem preußischen König unterstellt waren. Preußen aber verhielt sich Napoleon gegenüber neutral, sodass dieser keine Schwierigkeiten hatte, in Franken einzumarschieren. Das Heilige Römische Reich Deutscher Nation hatte aufgehört zu existieren, 1806 legte Kaiser Franz II. die Krone nieder. Das war auch das Ende des Fränkischen Reichskreises. Wenige Jahre später beschloss der Wiener Kongress in einer Tanzpause, das Gebiet des Fränkischen Reichskreises Bayern zuzuschlagen. Seitdem weht die weißblaue Raute über dem Land. Aber nur, wenn der fränkische Wind bläst.

(Raten Sie mal, wer unter den sechs Reichskreisen die Nummer eins war? Erraten!)

Der Tag der Franken

Eine große Koalition. In Bayern! Wann hätte es die je gegeben? Abgeordnete von CSU und SPD verbündeten sich, für ein gemeinsames Projekt, eine Herzensangelegenheit. Parteifragen sollten keine Rolle spielen, wenn es um eine echte Gewissensentscheidung geht. Das fränkische Herz ist stärker als jede Parteiräson. Gemeinsam stimmten die fränkischen Abgeordneten von CSU und SPD für die Neuerung, für die Schaffung des Tags der Franken. So bekamen sie die Mehrheit bei der Abstimmung am 18. Mai 2006. Nach langen Diskussionen. Schon Jahre zuvor, im Oktober 2004, hatten die Franken durch eine Petition an den Bayerischen Landtag den Stein ins Rollen gebracht. Und sie können zäh sein, sehr zäh. Nun hatten sie sich durchgesetzt. Gegen alle, die Separatisten am Werk sahen. – Separatisten! Was für ein Unfug! Wer zweifelt schon ernsthaft die politischen Grenzen Bayerns an? Nur ernst genommen wollten sie werden, ihr stolzes Selbstbewusstsein im Freistaat leben, nicht Bürger zweiter Klasse sein. Dazu gehört es auch, sich und seine eigene, unverwechselbare Kultur zu feiern. Dafür ist ein jährlich wiederkehrender Festtag eine gute Gelegenheit.

Bloß, welches Datum sollte man wählen? Den 11. November, den Namenstag des heiligen Martin, des fränkischen Nationalheiligen? Oder den 25. Dezember, als man den Franken Karl den Großen zum Kaiser des Römischen Reiches Deutscher Nation krönte? Man entschied sich für ein anderes Datum. Für den 2. Juli. Am 2. Juli 1500 war der Fränkische Reichskreis errichtet worden. Die Entscheidung für den 2. Juli ist auch aus einem anderen Grund zu begrüßen. Wer hat ernsthaft Zeit und Lust, am Tag des Pelzmärtels oder gar am Weihnachtstag den Fränkischen Rechen zu hissen? Viel schöner flattert die Frankenfahne doch im Sommerwind! Die bisherigen Festtage haben bewiesen, dass man keinen engstirnigen Patriotismus bedient. Offene, fröhliche Feste wurden gefeiert, stets mit einem anderen fränkischen Ort als Ausrichter der zentralen Feierlichkeiten. »Franken in Europa – Europa in Franken«, »Frauen in Franken«, »Franken genießen«, unter solchen Motti kam man zusammen. Es sollen sogar Altbayern mitgefeiert haben.

Der Fränkische Rechen

Sind es drei weiße Häusergiebel, die in einen roten Himmel ragen? Oder vier rote Zacken, die sich von oben in die weiße Erde bohren? Das ähnliche Wappen Papst Urbans V. (Pontifikat 1362–1370) verrät uns die christliche Symbolik: Die drei weißen Zacken stehen für die drei Aspekte der göttlichen Macht, für die Heilige Dreifaltigkeit, für Vater, Sohn und Geist. Sie verweben sich mit der göttlichen Schöpfung. Die vier roten Zacken symbolisieren die Erde mit ihren vier Himmelsrichtungen, Norden, Süden, Osten und Westen. Überall auf der Welt gilt die göttliche Ordnung, dies will das Wappen zum Ausdruck bringen. Die rote Farbe symbolisiert das Blut Christi und damit die göttliche Liebe, das Weiß steht für den reinen Glanz des göttlichen Lichts. Die Würzburger Fürstbischöfe machten sich das Wappen zu eigen, auf zahlreichen ihrer Grabdenkmäler ist es noch zu erkennen.

Dass der Rechen zum fränkischen Wappen aufstieg, ist kurioserweise den Bayern zu verdanken. Als die Bayern die fränkischen Gebiete hinzugewannen, wollten sie ihren Herrschaftsanspruch auch im offiziellen Wappen zum Ausdruck bringen. Welches Wappen aber sollte man nehmen? Es gab bis dato kein fränkisches Wappen. So entschied man sich für eine Behelfslösung. Wohl weil der Würzburger Fürstbischof im 15. Jahrhundert auch den Zusatz »Herzog von Franken« trug, nahm man in Ermangelung eines anderen Wappens den Rechen und bastelte ihn 1835 in das offizielle bayerische Wappen hinein, im zweiten Feld oben rechts hat er seitdem seinen Platz. Ein schönes Wappen, ein sehr passendes für Franken. Himmlisches und irdisches Leben sind untrennbar miteinander verwoben, beiden wird gleich viel Raum gegeben.

Was ist das passende fränkische Wappentier?

Die Bayern lassen ihren Löwen brüllen, die Preußen hatten ihren Adler, Franken aber führt kein Tier im Wappen. Natürlich kann man argumentieren, die Perfektion des Fränkischen Rechens mache jede tierische Zutat überflüssig, dennoch darf das Gedankenspiel gewagt werden, welches Tier wohl am besten zum Frankenland passen würde.

Bedingt durch die höchst abwechslungsreichen Landschaften ist auch Frankens Fauna reich und vielfältig, da fällt es schwer, sich für eine Spezies zu entscheiden. Als erstes möchten wir den Storch vorschlagen, fühlt sich das stolze Schnabeltier an vielen Orten Frankens doch überaus wohl, so wohl, dass viele Störche im Herbst ernsthaft überlegen, ob sie nicht an Main und Regnitz oder im Aischgrund überwintern sollten. Mit dem Aischgrund kommt sogleich ein zweites Tier ins Gespräch, der Karpfen. Der tummelt sich bevorzugt in den fränkischen Himmelsteichen, auch spiegelt er besser vielleicht als der Storch den fränkischen Charakter wider. Während der Storch seinen Schnabel nicht halten kann und stolz und geziert einherschreitet, neigt der Karpfen nicht zu langen Reden, geht den Dingen auf den Grund und bleibt hübsch bodenständig. Ein originelles Wappentier ist auf der fränkischen Sandachse zu finden: Die Blauflügelige Ödlandschrecke. Oedipoda caerulescens ist eine Kurzfühlerschrecke mit blauer Flügelzeichnung. Ihr Paarungsverhalten allerdings spricht gegen ihre Eignung als fränkisches Wappentier, verwechselt das Männchen sein Weibchen doch oft mit einem Holzstückchen, ein Fehltritt, der einem echten Franken nicht passiert. Auch der Ameisenlöwe, ein weiterer Sandachsenbewohner, und der Feuersalamander, noch in vielen bewaldeten Tälern Frankens zu finden, kommen in den engeren Kandidatenkreis. Zu denken wäre außerdem an die Fledermaus. Bedingt durch seinen Höhlen- und Bierkellerreichtum ist Franken ein echtes Fledermauseldorado. Will man sich jedoch für ein Wappentier entscheiden, das ganz und gar fränkisch ist und zudem der fränkischen Weltkunst wertvolle Dienste geleistet hat, dann muss es das Dürerschwein sein, mehr dazu im Schäufele-Kapitel. Albrecht Dürer hat es meisterlich verstanden, Tiere darzustellen, man denke nur an seinen berühmten Hasen oder das Rhinozeros. Durch Dürers Detailgetreue gelang es auch, das längst ausgestorbene Renaissanceschwein zurückzuzüchten. Heute fühlt sich das Albrecht-Dürer-Schwein im Wildpark Hundshaupten und im Fränkischen Freilandmuseum Bad Windsheim sauwohl. Ob es das aber auch im Wappen täte? Da melden sich bei uns doch Zweifel an. Lassen wir das Dürerschwein lieber weiter im Schlamm wühlen. Der Fränkische Rechen kommt auch ohne Wappentier aus!

Weltkultur in Franken

Jedes Jahr tagt eine mit internationalen Experten besetzte Kommission der UNESCO und berät darüber, welche Bauwerke, Städteensembles oder auch Industriedenkmäler würdig sind, mit dem Titel »Welterbe«

ausgezeichnet zu werden. Die Akropolis findet sich darunter, die Pyramiden von Gizeh und auch die Freiheitsstatue von New York, stolze fünf Mal aber fiel die Wahl auch auf Franken. Hier seien die Welterbestätten vorgestellt, in der Reihenfolge ihrer Nominierung.

Fürstbischöfliche Residenz Würzburg mit Hofgarten und Residenzplatz (1981)

Die Grafen von Schönborn, die manchen Fürstbischof stellten, mal in Würzburg, mal in Bamberg, litten unter dem »Bauwurm«. Zusammen mit genialen Architekten und Bildhauern schufen sie in Franken zahlreiche großartige Bauwerke, darunter die Basiliken Vierzehnheiligen und Gößweinstein, Schloss Pommersfelden, St. Mauritius in Wiesentheid, die Würzburger Hofkirche und viele andere mehr. Das prächtigste Bauensemble aber ist die Würzburger Residenz. Als das »einheitlichste und außergewöhnlichste aller Barockschlösser« bezeichneten es die Experten der UNESCO. An seiner Entstehung waren Künstler aus ganz Europa beteiligt, die auch den benachbarten Hügel zum Hofgarten umgestalteten und damit für die einzigartige Topografie des Schlosses und die damit verbundenen Sichtachsen sorgten. Legt man seinen Kopf in den Nacken, kann man sich in dem gigantischen Treppenhaus am Deckengemälde des Venezianer Malerstars Tiepolo schwindelig sehen.

Altstadt von Bamberg (1993)

Eigentlich muss man im Plural reden: Die Bergstadt mit dem Dom und den sieben Hügeln, die Inselstadt mit dem stolzen Rathaus mitten in der Regnitz und den Blicken auf Klein-Venedig sowie die Gärtnerstadt – die Hausgärten mit den einmaligen Anbauflächen mitten im Stadtgebiet – formen sich zu einem Gesamtkunstwerk, das vollkommen zu Recht die Anerkennung der UNESCO gefunden hat. Seit einigen Jahren kann man sich im *Besucherzentrum Welterbe Bamberg* Appetit für eigene Besichtigungstouren holen.

Obergermanisch-Raetischer Limes (2005)

Der Obergermanisch-Raetische Limes verlief mit seinen insgesamt 550 Kilometern mitten durch Franken und teilte es in einen besetzten römischen und einen freien germanischen Teil. Die Teufelsmauer, wie sie auch genannt wird, ist ein Bodendenkmal mit gelungenen Rekonstruktionen. In den Museen von Weißenburg, Gunzenhausen und in Obernburg am Main, aber auch im Römerpark Ruffenhofen und dem dortigen Limeseum werden Geschichtsliebhaber leuchtende Augen bekommen. Wer sich eher für praktisch nutzbare Überbleibsel aus der Römerzeit interessiert, dem seien die Thermen von Weißenburg empfohlen – Wellness vom Feinsten!

Markgräfliches Opernhaus Bayreuth (2012)

Oper in Bayreuth? Da denken die meisten an Richard Wagner und den grünen Hügel mit seinem Festspielhaus. Doch dieses wurde, da bei Wagner nichts von der Bühne ablenken sollte, vergleichsweise schlicht gehalten. Im Barock hingegen wollte man das ganze Haus mit prächtigem Glanz erfüllen und so gibt es kaum ein schöneres Barocktheater als das von der kunstsinnigen Markgräfin Wilhelmine erdachte. Das vielleicht Schönste daran: Regelmäßig finden in dem Musiktempel noch Aufführungen statt. Unbedingt hingehen! Wenn die Inszenierung langweilt, kann man sich – bei Richard Wagners Festspielhaus nicht möglich – an den zauberhaftesten Ausstattungsdetails erfreuen.

Bad Kissingen (2021)

Das renommierte Kurbad zählt zu den zehn »Great Spa Towns of Europe«, die 2021 zum Welterbe ernannt worden sind. Kurviertel und Kurgarten atmen noch die Atmosphäre des großen Zeitalters, als hier die Prominenz Europas ihre Sommerferien verbrachte. Allein der Konzertsaal von Max Littmann lohnt die Reise, aber auch die Besichtigung der historischen Einrichtungen zur Gewinnung und Nutzung der Sole und das Bismarckmuseum sind empfehlenswert. Liebhaber der klassischen Musik sollten sich außerdem den *Kissinger Sommer* auf keinen Fall entgehen lassen

Natürlich gibt es im Freistaat noch weitere Welterbestätten, zwei sogar in Oberbayern, die Mehrzahl aber findet man in Franken. Und es könnten noch weitere hinzukommen. Warum nicht die historischen Innenstädte von Rothenburg und Dinkelsbühl? Oder die Nürnberger Kaiserburg? Oder die jüdischen Landfriedhöfe? Oder der Ludwigskanal?

Welterbe, immateriell

Was haben der andalusische Flamenco, das japanische Papiertheater und die iranische Teppichknüpfkunst gemeinsam? Sie sind ebenfalls UNESCO-Welterbe. Neben historischen Bauwerken kümmert sich die Weltkulturorganisation seit 2003 auch um Bräuche und andere traditionelle Handwerks- und Kunstformen, also um immaterielles Kulturgut. Der Freistaat Bayern führt eine eigene Landesliste, auf der – wen wundert's – fränkische Traditionen ganz oben stehen. Gestatten, dass wir eine Auswahl vorstellen?

Das Laudenbacher Osternachtsingen

In Laudenbach (Landkreis Miltenberg) ziehen in den Nächten von Karfreitag bis zum Ostermorgen junge unverheiratete Männer durch den Ort und verkünden singend die Botschaft von der Auferstehung Jesu, wobei sie sich mit lauten Ratschen begleiten.

Die Osingverlosung

Unweit von Bad Windsheim findet sich eine gemeindefreie Hochfläche, die Osing genannt wird. In allen Jahren, die auf einer 4 enden, werden seit Jahrhunderten die Flurstücke per Los an die umliegenden Dörfer verteilt. Beim Osing handelt es sich um die letzte große landwirtschaftliche Markgenossenschaft in Deutschland, Grund genug, das damit verbundene Fest zu besuchen.

Eichensaat und Eichenwirtschaft im Spessart

Seit alters her werden im Spessart in den alle fünf Jahre vorkommenden Mastjahren Eicheln von sogenannten »Kulturfrauen« und ortsansässigen Landwirten gesammelt und auf vorbereiteten Flächen ausgesät. Dadurch und durch die nachhaltige Forstwirtschaft ist der prächtige Eichenwald entstanden.

Die fränkischen Passionsspiele Sömmersdorf

Nicht nur in Oberammergau, auch im unterfränkischen Sömmersdorf wird Christus alle paar Jahre ans Kreuz genagelt. Etwa 400 der ca. 640 Einwohner wirken bei dem frommen Schauspiel mit.

Die Fürther Michaeliskirchweih

Die größte Straßenkirchweih Deutschlands besitzt eine 900-jährige Tradition. Aus dem Umland, dem fruchtbaren Knoblauchsland vor allem, fahren zu Erntedank Bauern mit geschmückten und reichlich gefüllten Wagen in die Stadt, begleitet von Vereinen und Musikzügen. Die *Königin der Fränkischen Kirchweihen*, kürzer *Färdder Kerwa*, beginnt am Michaelistag, dem 29. September, bzw. am darauf folgenden Samstag. Zwölf Tage kann man sich auf das Schönste amüsieren und die Weihe der Michaeliskirche, durch die diese nach ihrer Errichtung vom schönen Bauwerk zum Gotteshaus wurde, hochleben lassen.

»Der Meistertrunk« in Rothenburg ob der Tauber

Der Sage nach hat sich Folgendes ereignet: Als der katholische Feldherr Tilly im Dreißigjährigen Krieg das protestantische Rothenburg eroberte, wollte er die Ratsherren hinrichten lassen, es sei denn, es gelänge jemanden, den ihm gereichten Humpen in einem Zug zu leeren. Der Humpen aber fasste 3¼ Liter! Da fasste sich Altbürgermeister Georg Nusch ein Herz, trat vor, nahm den Humpen und leerte ihn in einem Zug. Tilly war mächtig beeindruckt und verschonte die Stadt. Aus der Sage wurde ein historisches Festspiel, das jährlich am Pfingstwochenende aufgeführt wird. (Wer Pfingsten keine Zeit hat, der kann an den Wochenenden um den dritten Montag im Juli im nahen Dinkelsbühl die dortige

Kinderzeche besuchen, ebenfalls ein historisches Schauspiel und immaterielles Welterbe.)

Das Sennfelder und Gochsheimer Friedensfest

Sennfeld und Gochsheim waren ehemals unmittelbare und freie Reichsdörfer, die keinen Herrscher außer dem Kaiser kannten, die vielleicht stolzesten Dörfer im Reich. In den Wirren des Dreißigjährigen Krieges verloren sie ihre Reichsfreiheit, im Westfälischen Frieden aber erlangten sie ihre Selbständigkeit zurück, der Grund für das jährlich begangene Friedensfest, zu dem besonders aus dem nahen Schweinfurt die Besucher strömen.

Der Hofer Schlappentag

Der 25. Januar des Jahres 1430 ist fest in das Gedächtnis der Stadt Hof eingebrannt. An diesem Tag eroberten wütende Hussiten, Anhänger des auf dem Scheiterhaufen gerichteten Jan Hus, die Stadt und legten sie in Schutt und Asche. In ihrer Not wandten sich die Hofer an den Markgrafen von Brandenburg. Dieser zeigte sich gnädig und gewährte zehnjährige Steuerfreiheit, allerdings unter der Bedingung, dass sich die Hofer künftig wehrten. Ein jeder Bürger solle sich an der Handfeuerwaffe ausbilden lassen, eine Woche nach jedem Pfingstmontag müsse das spätestens nachgewiesen werden. In der Folge wurde dieser Tag zu einem lärmenden Ereignis, weniger durch die Schüsse als durch das Klappern der Holzpantinen, mit denen ein jeder noch schnell zum Schießstand lief. Der Schlappentag ist bis heute ein großes Ereignis. Speziell für diesen Tag wird ein extrastarkes Festbier gebraut, das Schlappenbier. Ein Genuss, vor allem zusammen mit den hervorragenden Hofer Würstchen.

Das Wunsiedler Brunnenfest

Am Wochenende vor dem 24. Juni, dem Johannistag, werden 35 Wunsiedler Brunnen festlich geschmückt und mit Einbruch der Nacht illuminiert, dann ziehen Sänger und Musiker durch die Stadt und es wird lustig gefeiert. Die Hintergründe für diesen Brauch liegen lange zurück. Es heißt, in einem heißen, trockenen Sommer seien die Quellen versiegt, kein Tropfen wäre mehr aus den Leitungen geflossen. Als endlich wieder Wasser sprudelte, habe man aus Dank die Brunnen geschmückt und ausgelassen gefeiert.

Die Liste des fränkischen immateriellen Welterbes ist selbstverständlich noch viel länger: die innerstädtischen Nutzgärten von Bamberg, die genialen Nürnberger Epitaphien, das Wirken der Nürnberger naturhistorischen Gesellschaft, die uralte Technik, mit Schöpfrädern die Wiesen zu wässern … Und natürlich die Limmersdorfer Linden-Kerwa! Wenn Sie einmal im Leben auf und in einem Lindenbaum tanzen wollen, sollten Sie unbedingt zum Bartholomäustag (24. August) nach Oberfranken fahren!

Stärk' antrinken

Bräuche gibt es in Franken viele. Wer kennt sie nicht, die liebevoll geschmückten Osterbrunnen in der Fränkischen Schweiz? Die zahlreichen Kerwas allüberall, jede mit ihrer spezifischen Eigenheit, die Weinfeste, die Krippenlandschaften zur Weihnachtszeit …

Ein besonders in Oberfranken gepflegter Brauch wird am Dreikönigstag praktiziert. Wenn man zu Dreikönig eine fränkische Wirtschaft aufsucht, kann man Zeuge eines merkwürdigen Dialogs werden. Sagt der eine Gast zum anderen: »In welchem Monat bist denn du?«, lallt es zurück: »Im Novembär, dou Dödel!« Zu Beginn des neuen Jahres müssen sich die Männer »die Stärk' antrinken«, denn das neue Jahr ist lang und voller Herausforderungen. Da muss man gut gewappnet sein, und so zieht man bereits in der Früh los, um sich im Wirtshaus zu stärken. Ein Bier für jeden Monat ist dabei zu trinken, keinen Monat darf man auslassen, »die Stärk' antrinken« ist also ein hartes Stück Arbeit. Oft wechselt man nach dem April die Lokalität, um sich bis zum August im Wirtshaus des Nachbardorfes zu stärken und anschließend wieder zurückzukehren oder in einem dritten Lokal die Monate September, Oktober, November und Dezember zu leeren.

Anfänger aufgepasst! Die angetrunkene Stärke entwickelt sich nicht sofort. Ähnlich der homöopathischen Medizin (Samuel Hahnemann hat in Erlangen promoviert!) kommt es zunächst zu einer Erstverschlechterung, das heißt, unmittelbar nach der Einnahme muss man eine Phase der Schwäche und Erschöpfung durchleben, ehe dann die Stärke umso schöner zu wirken beginnt. Und das, obwohl man die gehopfte Medizin keineswegs in homöopathischen Dosen genossen hat.

Das Lied der Franken

Findet in Franken eine offizielle, staatstragende Veranstaltung statt, ist der Ministerpräsident zu Gast oder gar eine Königin oder ein König, so wird nach der deutschen Nationalhymne und der Bayernhymne als gesanglicher Höhepunkt stets auch das Frankenlied angestimmt. Dann weitet sich des Sängers Brust, und die fränkische Seele erhebt sich, denn das schöne Lied von Joseph Victor von Scheffel ist die inoffizielle Hymne des Frankenlandes:

Wohlauf, die Luft geht frisch und rein,
wer lange sitzt, muss rosten.
Den allerschönsten Sonnenschein
lässt uns der Himmel kosten.
Jetzt reicht mir Stab und Ordenskleid
der fahrenden Scholaren,
ich will zur schönen Sommerszeit
ins Land der Franken fahren,
valeri, valera, valeri, valera,
ins Land der Franken fahren!

Dass man Scheffels Lied zur fränkischen Hymne erklärt hat, beweist die bescheidene Wesensart des echten Franken. Das Deutschlandlied dichtete selbstverständlich ein Deutscher, die Bayernhymne ein überzeugter Bayer, das Lied der Franken aber dichtete kein Franke. Während sich andere darin gefallen, ihr eigenes Land zu bedichten, haben die Franken dies getrost einem Ausländer überlassen, dem Badener Victor von Scheffel. Und sie haben recht daran getan, denn das Lob eines Fremden zählt schließlich doppelt. Das eigene Land hochleben lassen kann schließlich jeder. Jede Mutter lobt ihre Butter, valeri, valera! Das Frankenlied gefällt auch deshalb so gut, weil es sich nicht arrogant über andere erhebt, sondern mit fröhlicher Lust Gottes schöne Natur besingt, nicht übertrieben feierlich, sondern volksliedhaft anti-hymnisch:

Der Wald steht grün, die Jagd geht gut,
schwer ist das Korn geraten;
sie können auf des Maines Flut
die Schiffe kaum verladen.
Bald hebt sich auch das Herbsten an,
die Kelter harrt des Weines;
der Winzer Schutzherr Kilian
beschert uns etwas Feines,
valeri, valera, valeri, valera,
beschert uns etwas Feines.

»Beschert uns etwas Kleines«, schmettern die fränkischen Gaudiburschen lustig und stoßen ihrem Mädchen dabei keck in die Seite. Solche Unsitten verurteilen wir auf das Schärfste. Der grüne Wald, das schwere Korn, der liebliche Wein ... Frankenherz, was begehrst du mehr? Scheffel hat alles Wesentliche erkannt und beschrieben. Eine Kleinigkeit allerdings, eine kleine Unschärfe verrät den Zugereisten. Der Patron der Winzer ist nicht Kilian, sondern Urban. Überall in den Weinbergen sind Bildstöcke des heiligen Urban zu sehen. Oft hält er einen Weinstock oder zumindest eine volle Rebe in der Hand, sein Erkennungszeichen. Die Attribute eines Heiligen weisen gewöhnlich auf ihr Martyrium hin, so trägt Kilian ein Schwert, weil er durch das Schwert ums Leben gebracht wurde. Bei Urban verhält es sich anders. Er ist keineswegs durch den Genuss des Weines umgekommen, im Gegenteil, dem Wein verdankt er sein Leben. Der heilige Urban lebte im 4. Jahrhundert, einer turbulenten Zeit, in der das Christentum noch nicht etabliert und es gefährlich war, sich auf Jesus und seine Lehre zu berufen. Urban, Bischof von Langres und Autun, war nicht zum Märtyrer geboren und verbarg sich lieber hinter einem Weinstock, als sich von dem wütenden Mob dahinmetzeln zu lassen. Weil der Weinstock auch ein lebendiges Bild für Christus ist, hat die Wahl von Urbans Versteck eine hübsche symbolische Bedeutung. An Urbans Gedenktag, dem 3. April, wird in vielen Weinbaugebieten eine Bittprozession abgehalten. Da Bamberg in die Riege der Weinanbaustätten zurückgekehrt ist, könnte eine solche auch in Bamberg bald wieder stattfinden. Zu Scheffels Ehrenrettung muss festgehalten werden, dass sich natürlich auch der heilige Kilian, der alte Ire, als wichtiger fränkischer Missionar seinen Platz in einem Frankenlied redlich verdient hat. Merkwürdig mutet die dritte Strophe an:

Wallfahrer ziehen durch das Tal
mit fliegenden Standarten.
Hell grüßt ihr doppelter Choral
den weiten Gottesgarten.
Wie gerne wär ich mitgewallt,
ihr Pfarr' wollt mich nicht haben!
So muss ich seitwärts durch den Wald
als räudig Schäflein traben,
valeri, valera, valeri, valera,
als räudig Schäflein traben.

Warum wollte der Pfarrer den lieben Scheffel nicht mitwallen lassen? Warum musste er sich als räudig Schäflein durch den Wald schlagen? Ganz einfach: Die Zeiger standen damals, als Scheffel 1859 das schöne Frankenland bereiste, noch nicht auf Ökumene. Victor von Scheffel entstammte einer protestantischen Familie – und ein evangelischer Christ auf einer Wallfahrt, das ging natürlich nicht. Wir vermuten allerdings, dass Scheffel, selbst wenn er hätte mitwallen dürfen, seine Wanderung dennoch lieber alleine fortgesetzt hätte, dass also seine Klage nicht ganz so ernst zu nehmen ist. Das räudige Schäflein wird in Wahrheit wohl ein recht fröhliches gewesen sein. Die nun folgende vierte Strophe wird in Bamberg stets mit besonderer Inbrust gesungen:

Zum heil'gen Veit von Staffelstein
komm ich empor gestiegen
und seh' die Lande um den Main
zu meinen Füßen liegen.
Von Bamberg bis zum Grabfeldgau
umrahmen Berg und Hügel
die breite stromdurchglänzte Au.
Ich wollt', mir wüchsen Flügel,
valeri, valera, valeri, valera,
ich wollt', mir wüchsen Flügel.

Auch in dieser Strophe wird deutlich, dass der Protestant Scheffel in der katholischen Heiligenkunde nicht ganz firm ist. Einen »heil'gen Veit von Staffelstein« hat es nie gegeben, auch wenn man mit jedem Absingen der Hymne stärker daran glauben mag. Entweder handelt es sich um dichterische Freiheit oder wiederum um eine kleine Verwechslung. Vielleicht meinte Scheffel den heiligen Veit vom nahen Ansberg oder den Nothelfer aus Vierzehnheiligen. Dieser Veit wird nicht nur bei Nervenleiden angerufen (Veitstanz), sondern auch bei Blasenstörungen. So ist Veit auch zum Schutzheiligen der Bettnässer geworden, manch fränkischer Großmutter ist noch das Gebet vertraut, das sie einst ihrem Enkelkind zur Nacht vorsprach:

Heiliger Sankt Veit,
weck mich bei der Zeit,
nicht zu früh und nicht zu spät,
dass nichts ins Bett rein geht!

Immer noch gut nachvollziehbar sind die Ikarus-Träume, die Scheffel überfielen, als er am steilen Abhang des Staffelbergs stand, vor sich die herrlichste Märchenlandschaft: »Ich wollt', mir wüchsen Flügel!« Vielen

Franken ging und geht es ähnlich. Kein Zufall sicherlich, dass Messerschmitt, der große Tüftler, in Bamberg anfing, seine Flugzeuge zu bauen, kein Zufall, dass heute noch so viele Segelflieger von Frankens Flughäfen abheben. Hätte man Scheffel einen Gleitflieger gereicht, er hätte sich damit fröhlich in die Lüfte gestürzt: »Valeri, valera!« Die fünfte Strophe:

Einsiedelmann ist nicht zu Haus,
dieweil es Zeit zu mähen.
Ich seh ihn an der Halde drauß'
bei einer Schnitt'rin stehen.
Verfahr'ner Schüler Stoßgebet
heißt: Herr, gib uns zu trinken!
Doch wer bei schöner Schnitt'rin steht,
dem mag man lange winken,
valeri, valera, valeri, valera,
dem mag man lange winken.

»Einsiedelmann ist nicht zu Haus« – was hat es mit dem Einsiedelmann auf sich? Scheffel meinte den Eremiten Ivo Hennemann, der seit dem Jahre 1857 auf dem Staffelberg wohnte. Um Eremit zu werden, durfte man sich im Königreich Bayern keinesfalls so mir nichts dir nichts in die Einsamkeit begeben. Als ordentlicher königlich-bayerischer Eremit musste man eine Ausbildung nachweisen, die Hennemann bei der offiziellen Eremitenkongregation absolvierte. Mit seinem Eremitenabschlusszeugnis bewarb er sich im November 1855 beim Staffelsteiner Bürgermeister um die Stelle auf dem Berg. Hennemann erklärte sich bereit, die Klause auf seine Kosten einzurichten und zudem seinem Nachfolger 500 Gulden zu vermachen, »um ihm eine bessere Subsistenz zu erschaffen«. Der Bürgermeister leitete den Antrag an den Landrichter von Lichtenfels weiter, die Regierung von Oberfranken sandte das Schreiben nach München zum bayerischen Innenministerium, welches der Bitte des Eremiten schließlich entsprach. So kam Ivo Hennemann behördlich abgesegnet auf den Staffelberg, wo er in der Adelgundiskapelle die Mesnerdienste versah.

Die Nachwelt kennt ihn als würdigen alten Mann im Ordensgewand. Als Victor von Scheffel auf dem Staffelberg durstig nach ihm suchte, war aber Hennemann erst 35 Jahre alt, da ist ein Verweilen bei einer schönen Schnitterin doch nur menschlich und also verzeihlich. Deshalb ist auch Scheffels weiteres Verhalten, wie er es uns in der sechsten und letzten Strophe des Frankenliedes schildert, durchaus zu tadeln:

Einsiedel, das war missgetan,
dass du dich hubst von hinnen!
Es liegt, ich seh's dem Keller an,
ein guter Jahrgang drinnen.
Hoiho, die Pforten brech ich ein
und trinke, was ich finde.
Du heil'ger Veit von Staffelstein
verzeih mir Durst und Sünde,
valeri, valera, valeri, valera,
verzeih mir Durst und Sünde!

Was Scheffel, der Mundräuber, im Keller des Eremiten gefunden hat, war aber vermutlich überhaupt kein Wein, auch wenn damals noch Wein an den Südhängen des Staffelbergs angebaut wurde. Hennemann war bekannt dafür, ein gutes fränkisches Bier in seinem Gewölbe zu lagern. Davon schenkte er großzügig aus, etwa wenn arme Studenten nach Wasser verlangten: »Wasser ist hier klemm, aber das Bier ist gut!« Mit einem Lied als Lohn gab er sich zufrieden. Durch das Frankenlied gelangte der Eremit zu einiger Berühmtheit, ein Grund dafür, warum die Besucherströme bald einsetzten. So viele Bergsteiger schwitzten sich schließlich den Staffelberg hinauf, dass sich der Eremit zur Unterstützung eine ganze Wirtsfamilie holen musste, um des Andranges Herr zu werden. Wie oft man ihm dabei das Frankenlied gesungen hat, kann man nur erahnen.

Wann und wo Scheffel, der im aufgelassenen Kloster Banz herbergte, das Lied niedergeschrieben hat, ist nicht überliefert. 1868 erschien es in seiner Sammlung *Gaudeamus. Lieder aus dem Engeren und Weiteren*, die frische Melodie schenkte ihm ein Franke, der Würzburger Chorleiter Valentin Becker (1814–1890). Durch die Aufnahme in das *Allgemeine Deutsche Commersbuch* und durch die Studenten fand das Lied der Franken weite Verbreitung. Eine lateinische Fassung entstand (»Ad Staffelsteinium ego / ascendo sanctum Vitum«), eine englische (»Get up, the air is fresh and clean ...«) und eine kämpferische, unabhängigkeitsbestrebte:

O heil'ger Veit von Staffelstein,
beschütze deine Franken
und jag die Bayern aus dem Land!
Wir wollen's ewig danken.
Wir wollen freie Franken sein
und nicht der Bayern Knechte.
O heil'ger Veit von Staffelstein,
wir fordern unsre Rechte!

Nun, da ein heil'ger Veit von Staffelstein nie existierte, brauchen sich die Bayern nicht zu fürchten. Singen wir mit ihnen gemeinsam lieber das Original, so wie der Barde Troubadix in der deutschen Fassung des Asterixheftes *Der Seher*. Oder die hübsche Variante des bekannten Dialektdichters Helmut Haberkamm:

Dool auf, di Suffd freggd britschergrein
Weer Bambl litzd, schußd Grosdn.
Valeri, valera!

Die fränkische Windskala

»Wohlauf, die Luft geht frisch und rein...«, da hat der alte Scheffel natürlich Recht, und zwar bis heute. Woran aber erkennt man, wie kräftig die fränkischen Winde wehen? Herrn Beaufort haben wir die geläufige Windskala zu verdanken, die Einteilung der Windstärken in 12 Stufen. Hier kommt die fränkische Variante:

Windstärke 0: Windstille, Flaute. Aus dem Schlot des Erlanger Kraftwerks am Frankenschnellweg steigt der Dampf pfeilgerad in den mittelfränkischen Himmel.

Windstärke 1: leiser Zug. Der Rauch des staunend auf dem Staffelberg stehenden Wanderers wabert kaum merklich über das Maintal.

Windstärke 2: leichte Brise. In den Würzburger Steillagen fangen die Weinblätter an zu tanzen, und wer von der Alten Brücke über den Main blickt, spürt den Wind im Gesicht.

Windstärke 3: schwache Brise. In den fränkischen Schrebergärten beginnt sich träge die Fahne des Clubs zu erheben.

Windstärke 4: mäßige Brise. Auf dem Bayreuther Grünen Hügel wird eine verlorene Eintrittskarte für den *Ring* vom Boden gehoben und in die gepflegten Blumenrabatten geweht. Zugleich regen sich die Zweige der alten Eichen im nahen Park von Sanspareil.

Windstärke 5: frische Brise. Auf dem Großen Brombachsee bilden sich erste Schaumköpfe, Segelboote flitzen dahin, an den Ufern fangen die Bäume an sich zu wiegen und auf dem Laufer Keller weht es dem Gerchla den Bierfilz vom Seidla.

Windstärke 6: starker Wind. Auf dem Fürther Wochenmarkt kämpft Else Dotterweich mit ihrem Regenschirm und schimpft: »Dunnerwedder nu amol!« Es bleibt ungewiss, wer als Sieger hervorgeht.

Windstärke 7: steifer Wind. Der bayerische Ministerpräsident wird beim täglichen Bäumeumarmen seekrank.

Windstärke 8: stürmischer Wind. In Coburg fliegt der Senf von der Rostbratwurst und klatscht gegen den Mantel der Prinz Albert-Statue.

Windstärke 9: Sturm. Während der Wind um den Kaiserdom heult und die Zweige von den Kastanien brechen, bleiben die Stammtischbrüder vom Bamberger Spezialkeller ungerührt auf ihrer Bierbank hocken.

Windstärke 10: schwerer Sturm. Die Bäume im Steckerlaswald beginnen Domino zu spielen und in Strullendorf weht das Hündla von Opa Nüsslein wie ein Drachen an der Leine.

Windstärke 11: orkanartiger Sturm: In Rothenburg ob der Tauber bläst es die Touristen aus dem Stadttor.

Die Franconia

Die Altbayern verstehen es traditionell gut, sich zu verkaufen. So stellten sie direkt oberhalb der Theresienwiese ein kolossales Weib auf die Höhe, das man sogar besteigen kann, die Bavaria. Was nur wenige wissen: Es gibt auch ein fränkisches Pendant dazu, die Franconia.

Um die Franconia zu besuchen, muss man nach Würzburg fahren, zum Grafeneckart, dem ältesten Teil des Rathauses. Zu seinen Füßen erstreckt sich ein weitläufiger Platz, dessen Brunnen besonders an lauen Sommerabenden die Jugend magisch anzieht, der Vierröhrenbrunnen. So prächtig der barocke Brunnen auch ausschaut, er diente einst einem sehr profanen Zweck, nämlich der Versorgung der Würzburger Bürger mit frischem Trinkwasser. Hatte man zuvor das Wasser aus dem Untergrund gepumpt, sorgte nun eine Leitung, die der berühmte Baumeister Balthasar Neumann 1733 hatte anlegen lassen, für frisches Nass. Aus der zentralen Brunnensäule sprudelte das Wasser aus vier Eisenröhren in alle vier Himmelsrichtungen, daher der Name Vierröhrenbrunnen.

Später ersetzte man die schlichten Eisenröhren durch fröhliche Delfine und schmückte auch den weiteren Brunnen aus. An den vier Ecken stehen die vier Kardinaltugenden, Temperantia, die Mäßigung, Fortitudo, die Tapferkeit, Iustitia, die Gerechtigkeit, und Prudentia, die

Klugheit. Über allem aber, hoch auf der Spitze des Brunnens, erhebt sich in Harnisch und Kriegermantel mit der Würzburger Stadtfahne in der Hand eine weitere schöne Dame, und diese schöne Dame ist niemand anderes als Franconia, die personifizierte Schönheit des Frankenlandes. Der Schöpfer, der Bildhauer J. P. Wagner, hatte mit sicherem Instinkt erkannt, wie das Wesen Franconias und ihrer Landeskinder beschaffen ist: tapfer, mäßig, gerecht und klug.

(Tapfer, mäßig, gerecht und klug: Da fühlen sich manche seufzend an den Club erinnert. Er kämpft tapfer, spielt aber oft nur mäßig, und gerechterweise muss man nach den meisten Spielen sagen, es wäre klüger gewesen, zu Hause zu bleiben.)

Sankt Martin – der fränkische Nationalheilige

Jedes Volk hat seinen Beschützer. Die Patrona Bavariae, die Schutzheilige Bayerns, ist Maria, der Schutzpatron Frankens aber der heilige Martin. Das hat historische Gründe. Der heilige Martin von Tours, bekannt geworden durch seine Großzügigkeit in Kleiderfragen, war der Hausheilige der Karolinger. Von Karl dem Großen ist bekannt, dass er die Mütze, die Cappa, des heiligen Martin immer mit sich führte, deshalb wurden die von ihm gegründeten Kirchen, in die er zur Segnung die Cappa Martins mitbrachte, Kapellen genannt. Auch im heutigen Franken sind auf diese Weise Kirchen gegründet worden, am Zusammenfluss von Pegnitz und Rednitz etwa, wo Karl der Große an einer Furt ein Martinskirchlein bauen ließ, die Keimzelle des heutigen Fürth.

Martin war ein Heiliger mit Ecken und Kanten. 316 als Sohn eines römischen Militärtribuns im heutigen Ungarn geboren, schlug er widerwillig ebenfalls eine militärische Laufbahn ein und diente dem römischen Kaiser. Bei einer Schlacht vor Worms aber verweigerte er, der früh mit dem Christentum in Kontakt gekommen war, den Waffendienst mit dem Hinweis, dass er kein *miles Caesaris* mehr sei, sondern künftig ein *miles Christi*, ein Kämpfer für Christus. Er ließ sich taufen und gründete in Gallien das erste christliche Kloster des Abendlandes. Die

Menschen müssen von dem frommen Mann ergriffen worden sein, zahlreiche Wunder erzählen davon. Als sie ihn jedoch zum Bischof von Tours ernennen wollten, wurde es Martin zu viel, er flüchtete und versteckte sich in einem Gänsestall. Die schnatternden Gänse aber verrieten ihn, und es blieb ihm nichts anderes übrig, als herauszukommen und das Bischofsamt zu übernehmen. Statt den Gänsen jedoch für ihren Dienst dankbar zu sein, führten die Gläubigen den Brauch ein, am Namenstag des heiligen Martin eine Gans zu schlachten. Undank ist der Welten Lohn.

Den Franken ist nicht nur ihr Märtel, sondern auch seine Gans heilig. Zum festlichen Braten versammeln sich alljährlich am Martinstag, dem 11. November, auch die drei fränkischen Regierungspräsidenten, um die Frankenwürfel zu werfen. Am meisten aber freuen sich die fränkischen Kinder auf den heiligen Martin. Weil er nach seinem Tod in einer Lichterbootprozession nach Tours überführt wurde, zünden sie ihre bunten Laternen an und erleuchten die Nacht. Und wenn der Pelzmärtel dann verkleidet in die Stuben tritt, glänzen ihre Augen schöner als die Sterne.

Über die Gottesvorstellung des Franken

Die Franken sind zweifellos ein gläubiges Volk. Der Reichtum an Kirchen und Kapellen, Wallfahrtsorten und frommen Bildstöcken spricht für sich. Anders als beispielsweise die renitenten Friesen, die partout am heidnischen Glauben festhalten wollten und dabei sogar den frommen Bonifatius erschlugen, scheinen sich die Franken schnell an den neuen christlichen Glauben gewöhnt zu haben. Dennoch, es gibt sprachliche Eigentümlichkeiten, die darauf hinweisen, dass das Gottesbild der Franken ein spezielles ist.

Während die Christenheit überall ihren Schöpfer als das größte, herrlichste und allmächtigste Wesen feiert, wagen es die Franken, Gott, den Allumfassenden, auf ein menschliches Maß abzustufen. »Herrgoddla!«, ist ein häufig zu hörender Ausruf überall im Frankenland. »Herrgoddla« aber heißt übersetzt nichts anderes als »Herrgöttchen«. Der fränkische

Diminutiv macht selbst vor dem Schöpfer nicht halt. Was aber hat man sich unter einem »Herrgoddla«, einem Göttchen, vorzustellen? Ist das nicht ein Widerspruch in sich? Wie kann man das absolut Größte, Ewige, Unendliche verkleinern? Und wenn, ist ein solchermaßen verkleinerter Herrgott überhaupt noch ein Gott? Bedeutet dies nicht eine sanfte, aber durchaus ketzerische Relativierung unseres Gottesbildes?

Wir meinen, eine solche Interpretation ginge zu weit. Erstens wird jeder Mathematiker bestätigen, dass die Unendlichkeit durch zwei dividiert immer noch Unendlichkeit bedeutet. Das gleiche wird für die Allmacht und die absolute Liebe gelten. Solche Dimensionen sind auch mit dem fränkischen Diminutiv nicht kleinzukriegen. Außerdem muss bedacht werden, dass der Franke ja auch alle anderen Dinge verkleinert, sein Garten ist ein »Gärtla«, seine Liebste ein »Waggerla«, sein Auto ein »Blechkistla«. Wenn man aber alle Dinge gleichermaßen verkleinert, bleibt die Relation der Dinge zueinander gewahrt, das gilt auch für das Verhältnis des Menschen zu seinem Schöpfer. Außerdem gelingt es dem Franken geschickt, mit dem Ausdruck »Herrgoddla« die immer wieder aufkeimende Diskussion über das Geschlecht Gottes zu lösen. »Herrgoddla« ist eindeutig weder männlich noch weiblich. Es heißt ganz klar *das* »Herrgoddla«, womit aller unnötige Streit zwischen den Geschlechtern gelöst wäre, auf elegant fränkische Weise eben.

Drei Bistümer: Würzburg, Bamberg und Eichstätt

Das Bistum Würzburg ist im Jahr 742 entstanden, das Bistum Eichstätt etwa zur gleichen Zeit. Beide Male hatte Bonifatius, der »Apostel der Deutschen«, seine Hände im Spiel. Durch die Gründung von Bistümern erhielt das noch junge fränkische Christentum eine deutliche Belebung und Aufwertung. Die ersten Bischöfe kamen aus Bonifatius' Heimat, aus England: Burkard in Würzburg und Willibald in Eichstätt. Beide Bistümer etablierten sich und gewannen an Bedeutung, bis König Heinrich II. kam, sich in Bamberg verliebte und so lange quengelte, bis man ihm 1007 ein eigenes Bistum gewährte und er seinen Dom auf den Bamberger Domberg bauen durfte. Zwangsläufig mussten die beiden anderen Bistümer zusammenrücken und Land abtreten, besonders Würzburg. Abgeben aber tun auch Bischöfe nur höchst ungern.

Fortan musste man in Franken mit drei Bistümern leben, wobei der König Heinrich II., der später zum Kaiser befördert wurde, alles dafür tat, sein siebenhügeliges fränkisches Rom zum glänzendsten Bistum zu machen. Im 13. Jahrhundert kam es zu einer folgenschweren Entscheidung: die Trennung zwischen Staat und Kirche wurde vielerorts aufgehoben und die drei fränkischen Bischöfe zugleich Fürsten ihres Bistums. Mit kleinen Ausnahmen. Die Reichsstädte behielten ihre Eigenständigkeit, besonders natürlich das aufstrebende Nürnberg. Und die Markgrafen von Ansbach und Kulmbach-Bayreuth ließen sich gleichfalls nicht dreinreden. Jedenfalls nicht in weltlichen Dingen.

Stiften gehen

Die Franken sind dankbare Leute. Und großzügige. Zum Bürgermeister von Fürth kam im Jahr 2010 ein Mann mit seiner Frau in die Bürgersprechstunde, öffnete seine schwerbeladene Aktentasche und stapelte vor dem verblüfften OB zahlreiche Goldmünzen auf. Für die Stadt! Und ihre Bürger! Als kleines Dankeschön, weil er sich in Fürth so wohlfühle. Er wolle der Stadt etwas zurückgeben, der Herr Bürgermeister wisse sicher einen Verwendungszweck. So verblüfft der Bürgermeister auch geschaut haben mag, großherzige Menschen hat es in Franken immer gegeben, ja, Franken ist ein Land, in dem es von alters her üblich war, zu schenken und zu stiften. Einige Beispiele mögen das illustrieren.

In Würzburg kaufte Fürstbischof Julius Echter von Mespelbrunn mit seinem Privatvermögen Gärten und Lagerplätze auf und legte 1576 den Grundstein für einen Spitalbau für die Armen und Kranken der Stadt, aber auch für »Waysen und füruberziehende Pilgram und dürftige Personen«, wie es in der Stiftungsurkunde heißt. Um diese auf Dauer auch verpflegen zu können, überschrieb Julius Echter zugleich Äcker, Weinberge und Wälder der Stiftung. Von diesem Kapital zehrt die Stiftung bis zum heutigen Tage. Besonders die Spitzenweine vom Würzburger Stein oder dem Randersacker Pfülben, aber auch die Escherndorfer, Iphofer und Rödelseer Lagen entzücken den Genießer und werfen zugleich hübsche Erträge ab.

Das Juliusspital war keineswegs die erste Würzburger Stiftung. Viel älter noch ist das Bürgerspital zum Heiligen Geist, 1316 von dem Patrizier Johann von Steren und seiner Frau Mergadis gegründet. Zustiftungen weiterer engagierter Würzburger vermehrten das Stiftungskapital beträchtlich, wobei der größte Betrag vom Teufel kam, sogar von zwei Teufeln, denn die beiden waren Brüder im benachbarten Dorf Laub: Rüdiger und Wölfin von Teufel. Mit ihren reichen Erfahrungen in der Betreuung pflegebedürftiger Mitbürger betreibt die Stiftung des Bürgerspitals heute eine geriatrische Rehabilitation und bietet in ihren Altenwohnanlagen 800 Menschen Platz. Jeder Bewohner erhält bis heute einen Schoppen des köstlichen Weines, und zwar Tag für Tag. Wenn Sie diese Gabe lockt und Sie einen Aufenthalt im Bürgerspital ins Auge fassen, müssen wir Sie allerdings enttäuschen, so Sie nicht in Würzburg geboren sind: Gemäß Stiftungssatzung können Sie dann leider nicht aufgenommen werden. Trösten Sie sich mit einem Besuch des historischen Gebäudes und des Weinkellers, wo noch ein Steinwein aus dem Jahr 1540 lagert. Und so viele Holzfässer wie an keinem anderen Ort in Deutschland.

Stiftungen finden sich in Franken keineswegs nur in Würzburg, eine beeindruckende Liste hat auch Bamberg aufzuweisen. In Nürnberg wiederum stiftete Konrad Groß 1339 das Heilig-Geist-Spital, das bis zum heutigen Tage seine Erträge reichlich an Bedürftige ausschüttet. Till Eulenspiegel hat einmal auf einen Schlag das Spital von allen Kranken geleert, allerdings nur für einen Tag. Der Schelm hatte dem Spitalmeister gegen einen Beutel Dukaten versprochen, alle Patienten zu heilen, war dann von Bett zu Bett geschlichen und hatte jedem Kranken ins Ohr geflüstert, ihn zu heilen. Den Kränksten allerdings, der nicht mehr aufstehen könne, müsse er verbrennen, um aus seiner Asche die Pillen zu drehen. Darauf waren zur Verblüffung des Spitalmeisters all die bettlägerigen Siechen wie junge Wilde aus dem Spital gestürzt. Heute ist das Heilig-Geist-Spital die größte Nürnberger Sozialinstitution mit einem immensen Grundbesitz in Stadt und Umland. Neue Nürnberger Stiftungen datieren aus dem Industriezeitalter, Cramer-Klett, der große Industrielle, sei hier beispielhaft erwähnt.

Auch im benachbarten Fürth wurde und wird, wie wir gehört haben, eifrig gestiftet. Besonders zu erwähnen ist das Nathanstift. Alfred Nathan, ein Fürther Bürger jüdischer Herkunft, hatte 300.000 Mark als Stiftungskapital zur Verfügung gestellt, wovon 1907 ein »Wöchnerinnen- und Säuglingsheim« gebaut wurde, eine segensreiche Einrichtung in einer Zeit krasser sozialer Gegensätze. Bis heute werden viele Fürther im Nathanstift geboren, nicht länger im historischen Gebäude, das heute eine Schule beheimatet, sondern in der modernen Frauenklinik. Ob es bei den Geburten im Nathanstift besonders fröhlich zugeht? Immerhin wurden dort sowohl Volker Heißmann als auch Martin Rassau geboren, das nicht nur faschingsbekannte Komikerpaar »Waltraud und Mariechen«.

Diese Beispiele für die grandiose fränkische Stifterfreude mögen genügen. Die Zahl der Stiftungen in Franken zu überblicken ist kaum möglich. Zumal ständig welche hinzukommen.

Die Bodenständigkeit des Franken

Ein Hauptcharakteristikum der Franken ist ihre Bodenständigkeit. Sie sind sogar noch deutlich bodenständiger als ihre südlichen Nachbarn, die Bayern. Wie man das feststellen kann? Dafür gibt es einen raffinierten und zugleich ziemlich objektiven Indikator: die durchschnittliche Zahl an Jahren, die ein Mensch an ein und demselben Fleck verbringt, seine Ortstreue. Lebt der Bürger im Freistaat Bayern durchschnittlich 32,6 Jahre auf seiner Scholle, so toppen die Unter- und Oberfranken diesen Spitzenwert noch deutlich. Erst nach über 35 Jahren werden der Oberfranke und der Unterfranke unruhig und sagen: »Jetzt wird's Zeit, jetzt zieh ich um!« (*BR*-Bayernstudie 2012) Dem Franken ist jedes Nomaden-Gen fremd.

Der Franke ist ein Gewürfelter

Hans Max von Aufseß, dem großen fränkischen Essayisten und Chronisten, haben wir das Bild des Franken als »Gewürfelter« zu verdanken. Was aber meint Aufseß mit diesem Bild? Es ist eine Zusammenfassung der wichtigsten Charaktereigenschaften des Franken. Dem Franken sei wie Odysseus eigen, in den schwierigsten Lebenssituationen noch einen Ausweg zu finden. Wie der Würfel, der nicht nur über eine Seite verfügt, immer wieder für eine Überraschung gut ist, so ist auch der Franke: wendig, anpassungsfähig, sich nie festlegen lassend. Ein echter Überlebenskünstler. So konnte es ihm gelingen, unter den vielen Herren, die ihm vorgesetzt wurden, stets seinen Vorteil zu ziehen und sich aus den Steinen, die man ihm in den Weg gelegt hat, noch manches hübsche Häuschen zu bauen. Oder Schlössla. Oder Kirchla. Oder Brauereigebäude. Je nachdem.

Seit 1985 wird der Frankenwürfel als höchste fränkische Auszeichnung verliehen. An Menschen, die sich im Geiste von Max von Aufseß als »gewürfelte Franken« bewiesen haben. Als Künstler, Journalist, Unternehmer, als Bischof, Wissenschaftler oder Politiker. Oder als Gastwirt. Stifter sind die Regierungspräsidenten der drei fränkischen Bezirke, und so purzelt der Würfel im jährlichen Wechsel von Oberfranken über Mittelfranken nach Unterfranken, um – wie von Sisyphus gerollt – wieder nach Oberfranken zu gelangen.

Über die Gemütlichkeit des Franken

Es stimmt schon. Der Franke ist ein Gemütsmensch, und was wäre ein Gemütsmensch ohne Gemütlichkeit? Richtige Gemütlichkeit aber kommt nur in gut geheizten Stuben auf und in sitzender Position. Oder haben Sie schon mal eine gemütliche Gipfelbesteigung mitgemacht? Mit Eispickeln übers Schneefeld? Oder eine gemütliche Wüstendurchquerung? Oder eine gemütliche Stehparty? Nein, niemals, unmöglich. Zur Gemütlichkeit gehört, dass man sich in Ruhe niederlässt, am besten natürlich auf einem warmen, weichen Sitzmöbel.

Sehen Sie, und nun kommen wieder die Franken ins Spiel. Kaum ein Völkchen, das so bequeme Sessel herzustellen weiß wie die Oberfranken. Ja, fragte man nach dem Erfinder der klassischen deutschen Wohnzimmersitzgarnitur bestehend aus drei Sesseln plus Couch, so würde es uns nicht wundern, wenn es ein gebürtiger Franke gewesen wäre. Jedes zweite in Deutschland produzierte Polstermöbel stammt aus Oberfranken. Das kann kein Zufall sein. Ausstaffiert mit den raffiniertesten Polsterungen bieten die fränkischen Gesäßschmeichler Komfort für jedes Alter, Gewicht und Geschlecht, mit Bezügen, die sich jedem Wohnungsstil anpassen können, ohne an Wärme zu verlieren. Suchen Sie eine neue Couchgarnitur? Dann sitzen Sie doch mal in Oberfranken Probe. Sie werden nie wieder aufstehen wollen! Versprochen.

Der hyperaktive Unterfranke

Von alarmierenden Zahlen berichtete die *Süddeutsche Zeitung* in großer Aufmachung auf ihrer Titelseite. Immer häufiger werde in Deutschland die Diagnose ADHS gestellt. Bei über 600.000 deutschen Kindern hätten Ärzte das Zappelphilipp-Syndrom diagnostiziert, ein Anstieg von fast 50 Prozent innerhalb nur weniger Jahre. Auffallend seien dabei auch die regionalen Unterschiede. Während in Mecklenburg-Vorpommern ADHS kaum bekannt sei, so Rolf-Ulrich Schlenker, der Vorsitzende der Barmer GEK, träten im Regierungsbezirk Unterfranken doppelt so viele Fälle auf wie im ohnehin hohen Bundesdurchschnitt. Zitat Schlenker: »Man könnte Würzburg als Welthauptstadt der ADHS-Fälle bezeichnen.«

Wumms! Welthauptstadt zu sein klingt natürlich nicht schlecht, aber Welthauptstadt der Zappelphilippe? Wuseln in Unterfranken und speziell in Würzburg die Kinder alle wie aufgezogene Rennmäuse durch die Gassen? Schaukelt es an unterfränkischen Tischen wie anderorts nur auf dem Rummelplatz? Bringen mainfränkische Kinder jede Suppenschüssel zum Wackeln? Wir geraten ins Grübeln. Der Franke, so unsere bisherige Meinung, neigt nur selten zur Hyperaktivität. Im Gegenteil. Der Franke schien uns bislang ein Musterbeispiel dafür, wie lange man es gemütlich sitzend um einen Tisch aushalten kann. Jede Aufgeregtheit, jede Nervosität scheint dem typischen Franken fern zu sein, so jedenfalls dachten wir. Müssen wir unser Bild revidieren? Oder hat das Studienergebnis gänzlich andere Gründe?

Bei weiteren Recherchen stießen wir auf eine interessante Notiz. Eine weitere führende ADHS-Region neben Unterfranken ist Rheinland-Pfalz. Was aber hat Rheinland-Pfalz mit Unterfranken gemeinsam? Beide sind ausgesprochene Weinländer. Sollte hier der tiefere Grund liegen? In vino veritas, das schon. Aber kann Weinkonsum auch hyperaktiv machen? Bier macht müde und träge, Wein aber fröhlich und munter. Hm, hm ... man müsste die Wissenschaft befragen. Vielleicht ist der Grund für die unterfränkische Häufung der Zappelphilippe aber auch ein völlig anderer, vielleicht liegt es schlicht an den diagnostizierenden Ärzten. Wenn es sich bei ihnen um echte Franken handeln sollte, um Menschen also, die eine ruhige Umgebung gewohnt sind, dann ist ihr Maßstab natürlich ein anderer als etwa der eines quirligen Kölners. Wenn ein solch fränkischer Doktor, ein echter Gemütsmensch, der mit stoischer Ruhe Stunde um Stunde hinter seinem Behandlungstisch hockt, bei einem Kind auch nur eine leichte Bewegung des Beines registriert, ein unscheinbares Wippen mit dem Fuß oder ein zufälliges Zucken der Finger, so könnte ein wissendes Lächeln seinen Mund umspielen und sein Kugelschreiber wird mit energischem Duktus vier Buchstaben in die Akte notieren: ADHS!

Der typische Unterfranke

Der *Bayerische Rundfunk* hat's herausgefunden. Was den typischen Unterfranken ausmacht. In der »*BR*-Bayernstudie 2012«, einer repräsentativen Umfrage im ganzen Freistaat, bewiesen die Unterfranken einen überdurchschnittlichen Familiensinn. Und einen besonderen Sinn für Freundschaften. Auf ihren Dialekt allerdings sind sie weniger stolz, die meisten könnten auf ihn verzichten. Und auch auf den Freistaat. Nicht mal die Hälfte bekennt, stolz auf Bayern zu sein. Mit großer Mehrheit fühlt man sich der fränkischen Heimat, aber nicht dem Freistaat verbunden. Auch wenn dies nur 6 Prozent durch das Tragen einer landestypischen Tracht zum Ausdruck bringen.

Heim nach Franken

Unruhe im Süden Thüringens im Frühjahr 2013. Die Landräte der Kreise Sonneberg und Hildburghausen probten den Aufstand. Offen äußerten sie den Wunsch, von Thüringen nach Franken zu wechseln. Ein Expertenrat hatte der Landesregierung Thüringen empfohlen, Sonneberg und Hildburghausen mit weiteren Kreisen zu einem Großkreis Südthüringen zu fusionieren. Das war der Auslöser für die Revolte. Die Ursache aber reicht tiefer. Beide Landräte begründeten ihre Sehnsucht zum Wechsel mit den reichen kulturellen Verbindungen zu Franken. Schließlich rede man in Sonneberg und Hildburghausen fränkisch, und das Frankenland gehe ohnehin bis zum Rennsteig! Thüringen aber will die beiden Landkreise nicht hergeben, schließlich seien die Kreise Sonneberg und Hildburghausen »Filetstücke«, von denen man sich keinesfalls trennen will. Staatsrechtlerin Anna Leisner-Egensperger aber sagt, rein juristisch sei der Wechsel möglich. Zum Beispiel durch eine Volksabstimmung.

Franken als Filmkulisse

Eine solch abwechslungsreiche Landschaft, gewürzt mit interessanten historischen Städten, muss die Filmemacher anziehen. So ist es sicher kein Zufall, dass viele nationale und internationale Streifen in Franken gedreht wurden. Ein paar Beispiele? Forchheim ist die *Stadt ohne Mitleid.* Vier amerikanische Besatzungssoldaten vergewaltigen eine Schülerin. Es kommt zum Prozess vor dem Militärgericht, sensationslüstern verfolgt vom Publikum, das intime Details erfahren möchte. Der Freund des Mädchens leidet mit ihr, entwendet seiner Mutter Geld und will mit seiner Freundin auf seinem Motorrad Forchheim verlassen, wird aber erwischt und festgenommen, worauf sich das Mädchen in den Fluss stürzt. Kirk Douglas spielt in diesem US-amerikanischen Spielfilm aus dem Jahr 1961 die Hauptrolle, neben Barbara Rütting und Christine Kaufmann.

Ebenfalls im Jahr 1961 wurde *Das Urteil von Nürnberg* mit Spencer Tracy gedreht, der für seine Rolle für den Oscar nominiert wurde. Als Richter Dan Haywood hatte Spencer Tracy die Aufgabe, über vier Nazirichter zu urteilen, die sich damit entschuldigten, doch nur nach geltendem Recht gehandelt zu haben. Nicht nur im Gericht wurde gedreht, sondern auch im zerstörten Nürnberg, wo Richter Haywood den Kontakt mit den einfachen Leuten suchte, um sich ein Bild von deren Meinung zu machen, jedoch auf eine Mauer des Schweigens stieß. Ein spannendes Gerichtsdrama, hochkarätig besetzt. Neben Spencer Tracy wirkten Burt Lancester, Marlene Dietrich, Maximilian Schell und Judy Garland mit.

In Bamberg, im Knabeninternat Aufseesianum, hob gleich zweimal *Das fliegende Klassenzimmer* ab, 1954 und 1973, zuletzt mit Joachim Fuchsberger in der Rolle des gerechten Rektors Dr. Johannes Bökh. Ebenfalls in Bamberg – wo auch sonst? – spielen die Sams-Filme, die Wohnung von Herrn Taschenbier befindet sich im schönen Barockhaus Judengasse 16. Die Innenaufnahmen drehte man in einer Unterhaider Fensterfabrik, deren Produktion durch das Sams nicht behindert wurde, weil sie bereits stillgelegt worden war und keiner einen Wunschpunkt für ihre Wiedererrichtung wünschte. Die Büroräume der Papierfabrik Eltmann machte man kurzerhand zum Arbeitsplatz von Herrn Taschenbier, der im Film als Arbeiter in einer Schirmfabrik tätig ist.

Bamberg nutzt auch der *BR* für manche Produktionen, etwa als Kulisse für *Zwerg Nase* oder für die Kriminalserie *Der König* mit Günther Strack, der übrigens in Iphofen zum überzeugten Wahlfranken wurde und sich liebend gerne mit der Pferdekutsche durch die Weinberge fahren ließ. Auch Hollywood drehte schon in Bamberg. In der Alten Hofhaltung, am Alten Rathaus und am Domplatz kämpften *Die drei Musketiere* um Liebe und Ehre. 2011 wurde der 3-D-Film gedreht, in dem unter anderen Orlando Bloom, Christoph Waltz und Til Schweiger mitspielten. Und weil es in Franken so schön ist, mäanderte der Tross weiter den Main entlang. Auch in Würzburg drehte man, in der Residenz, im Hofgarten auf der Festung Marienberg, aber auch im Schloss Weißenstein in Pommersfelden.

Abenteuerfilme passen gut in die fränkische Kulisse. Die Großmutter, welcher der Räuber Hotzenplotz die Kaffeemühle raubte, hatte ihren Wohnsitz in Wolframs-Eschenbach. Gert Fröbe steckte im Räuberkostüm, jovial-listig und zugleich brutal gab er den perfekten Hotzenplotz (1974). Als man 1979, fünf Jahre später, den zweiten Teil *Neues vom Räuber Hotzenplotz* verfilmte, tauschte man zwar alle Schauspieler aus, nicht aber den Ort der Handlung Wolframs-Eschenbach. Erst 2006 wurde man dem schönen Wolframs-Eschenbach untreu, nicht aber Franken, denn mit dem oberfränkischen Seßlach hatte man sich ein weiteres Schatzkästchen ausgesucht. Armin Rohde, Rufus Beck, Christiane Hörbiger, Katharina Thalbach und Barbara Schöneberger fühlen sich im zweiten Rothenburg sichtlich zu Hause, genauso wie im Jahr 2003 Joseph Fiennes als Luther in der grandios gelungenen gleichnamigen Verfilmung. Sir Peter Ustinov als Friedrich der Weise wird sicher das hervorragende Bier des kommunalen Brauhauses von Seßlach probiert haben.

Auch Bayreuth hat sich seinen Platz in der Riege prominenter Drehorte gesichert: Im Markgräflichen Opernhaus sang der berühmte Kastrat Farinelli seine ergreifenden Arien, allerdings musste der Gesang von zwei Sängern – einem Countertenor und einer Sopranistin – gedoubelt werden, weil Kastraten heute selten geworden sind. (*Farinelli*, 1994, Regie Gérard Corbiau).

Über die Geschichte Rothenburgs als Filmmetropole könnte man ein eigenes Buch schreiben. Wir müssen uns auf die Aufzählung einiger Titel beschränken: *Die Christel von der Post* mit Hardy Krüger, *Gustav Adolfs Page* mit Liselotte Pulver und Curd Jürgens, *Die Schlangengrube und das Pendel* mit Lex Barker, *Tschitti Tschitti Bäng Bäng*, *Die Elixiere des Teufels*, *Royal Flash* ... Selbst der Trickfilm verwendet Rothenburg als Kulisse, wie in Walt Disneys *Pinocchio* geschehen. Und sogar in *Harry Potter* kommt Rothenburg vor!

Ein schönes Beispiel dafür, dass Franken auch in Netflix-Serien nicht fehlen darf, ist die Produktion *Die Kaiserin*. Sisi glänzt u. a. im Schloss Weißenstein in Pommersfelden, in Bayreuth in der Eremitage, im nahen Schloss Fantaisie, in Stein im Schloss Faber-Castell und am Bamberger Domplatz.

Und seit einigen Jahren hat ja endlich auch in Franken die *Tatort*-Saison begonnen. Lange hatte es den Anschein, als würde der *BR* den Menschen an Main und Regnitz keinen vernünftigen Mord zutrauen.

Fränkisch für Anfänger

Eigentlich haben wir nicht von Fränkisch zu reden, wenn wir Fränkisch meinen, sondern von Ostfränkisch. Streng wissenschaftlich betrachtet. Denn das Fränkische im wissenschaftlichen Sinn bezeichnet eine Gruppe von westgermanischen Sprachen und Dialekten, die von der niederländisch-belgischen Nordsee über große Teile des Rheinlands inklusive Luxemburg (moselfränkisch), über Hessen hinweg bis hin ins eigentliche Franken gesprochen werden. Zur Unterscheidung bezeichnen die Dialektforscher das fränkische Fränkisch als Ostfränkisch. Ostfränkisch spricht man also auch in Westfranken.

Wir dürfen Sie in einem Kompaktkurs mit den wichtigsten Eigentümlichkeiten des fränkischen, also ostfränkischen, Dialekts vertraut machen. Wie es seinem Charakter entspricht, meidet der Franke sämtliche Härten. Das Weiche und Fließende ist ihm auch in seinem Dialekt eigen. Kommt die Polizei in Hannover mit lautem »Ta-tü-ta-ta« daher, so in Nürnberg mit schmeichelndem »Da-dü-da-da«; das Herz des Franken pumpert nicht, wenn er ein hübsches Mädchen sieht, sondern »bumberd« nur sanft; die Mädchen sind auch keine Mädchen, sondern »Madla«. Zumindest in Nürnberg. In Fürth sind es »Madli«, in der Gegend östlich von Hersbruck, keine 30 Kilometer weiter, »Moidla«. Das »la« und »li« am Ende wird Ihnen noch häufiger begegnen, der Franke liebt seinen Diminutiv wie kein zweiter deutscher Volksstamm. Auch hierin offenbart sich seine Bescheidenheit, er neigt niemals zur Übertreibung oder zum Großsprechertum, im

Gegenteil, der typische Franke verkleinert stets seine Leistungen, nimmt sich nicht so wichtig. Einer seiner Lieblingsausdrücke ist deshalb auch »a weng« (ein wenig) und selbst dieses Wenige kann er noch verkleinern: »a wengerla«. Protestiert er dann doch einmal, weil ihm beim Besuch einer außerfränkischen Gastwirtschaft die Fleischportion zu winzig dünkt, sagt er, dass das doch »a weng weng« wäre. Will die fränkische Verkäuferin in Erfahrung bringen, ob Sie zum Verpacken Ihres Einkaufs eine Tüte wünschen, fragt sie Sie, ob Sie »a weng a Düdn« brauchen. Wenn sich der Franke sprachlich eine Extravaganz leistet, dann nur mit dem Buchstaben »r«. Das »r« nämlich rollt er genüsslich und lang, wie auch der fränkische Knödel lang und genüsslich gerollt werden muss, bevor er in das siedende Wasser plumpsen darf.

Über die Beliebtheit des fränkischen Dialekts

Allmächd! Wie sollen wir nur den Zauber des fränkischen Dialekts erklären? Und wie die Tatsache, dass dieser Zauber kaum bekannt ist? Wie die Katastrophe dieser Dialekt-Umfragen? Zunächst: Halten Sie es mit Churchill, misstrauen Sie allen Statistiken, die Sie nicht selber gefälscht haben. Das Gemeine an allen Dialekt-Statistiken nämlich ist, dass das Fränkische gröblich unterschätzt wird. Fragt man die Deutschen nach ihren Lieblingsdialekten, landet das Bayerische regelmäßig auf Platz eins. Mit über 40 Prozent Bewunderern. Auf den Plätzen folgen das Plattdeutsche und – seltsam genug – Berlinerisch. Selbst das Schwäbische schafft es noch, ein Viertel der Deutschen zu entzücken. Sächsisch, Rheinisch, Hessisch, ja selbst das seltsame Ruhrpott-Idiom erhalten mehr Zustimmung als das Fränkische. Warum ist das so? Weil der fränkische *Tatort* noch immer in den Kinderschuhen steckt? Weil sich die Schönheit des Fränkischen dem ungeschulten Ohr nicht sogleich offenbart? Weil es nicht diese »Mia san mia«-Attitüde des Bayerischen verbreitet, dieses urwüchsige, durch nichts zu erschütternde Selbstvertrauen? Oder weil die Umfragen schlicht Folge einer Verwechslung sind?

Ja, der letzte Gedanke scheint uns nicht unbegründet. Weil Franken kein eigenes Bundesland bildet, sondern Bayern angegliedert worden ist, verwechseln viele Bundesbürger den Dialekt von Würzburg, Nürnberg oder Mausgesees schlicht mit dem Bayerischen! Wenn die Touristen auf der Autobahn der Freistaat Bayern grüßt, glauben nicht wenige, sich bereits im bayerischen Sprachraum zu befinden. Und halten das schöne Fränkisch schlicht und einfach, oder einfältig schlicht, für Bayerisch! Daher die Spitzenposition des Bayerischen! Einfach nur geklaut! Jahrzehntelang, als die Mauer noch stand, haben die Westberliner zum Urlaubsbeginn gesagt: »Ab nach Bayern!« Um dann in Pottenstein die Zelte aufzuschlagen. Allmächd! Sollen sie nur glauben, in Bayern gewesen zu sein. Der Franke sieht es ihnen mit einem Lächeln nach. Vor allem, wenn er die Statistik der unbeliebtesten Dialekte betrachtet. Auf die Frage, welcher Dialekt ihnen in den Ohren schmerzt, folgt nämlich auf das Sächsische (50 Prozent) mit deutlichem Abstand das Bayerische (24 Prozent). Das Fränkische aber missfällt nur vier Prozent der Deutschen. Wie der Franke, so sein Dialekt: weder übertrieben beliebt noch unbeliebt. Sondern gerade richtig, richtig schön normal.

Noch eine andere Nuance setzte der *Playboy*. Er ließ die Befrager von Emnid mit der Frage ausschwärmen, welcher der deutschen Dialekte sexy macht. Hier landete das schöne Fränkisch vor den Hessen, den Friesen, den Sachsen, den Badenern und den Pfälzern. Was kann es auch Erotischeres geben, als wenn einem eine hübsche Fränkin »Bisd scho mai gouds Freggerla!« ins Ohr flüstert?

Das Fränkische und der Charakter des Franken

Sprache ist verräterisch. Sie offenbart dem Kundigen viel über die speziellen seelischen Eigentümlichkeiten eines Volkes, die kollektive Persönlichkeit des Volksstamms. Beim Franken verhält es sich so, dass er ganz und gar in der Gegenwart lebt, eine Besonderheit, die man deutlich an seinem Dialekt erkennen kann. Nur ungern benutzt der Franke Vergangenheitsformen oder gar das Futur. Um mit den Vergangenheitsformen anzufangen: Das Präteritum kennt der Franke nicht. »Er kam« kommt im Fränkischen nicht vor. Der Franke sagt: »Er is kumma.« (»Er ist gekommen.«) Durch diesen Kniff verlegt der Franke die Vergangenheit sprachlich nahe an die Gegenwart (»Er is«) und hängt nur zur Unterscheidung das »kumma« an. Plusquamperfekt? Fehlanzeige! Was im Deuschen das Plusquamperfekt, wird im Fränkischen ebenfalls zum Perfekt: »Er war gekommen« ist und bleibt »Er is kumma«. Fertig, aus. Auch die Zukunft liegt beim Franken mitten im Gegenwärtigen. Statt »Er wird kommen« sagt der Franke: »Er kummt scho noch.« (»Er kommt schon noch.«) Schönste, reine Gegenwart, kann es etwas Sympathischeres geben? Was soll auch das andauernde Stochern im Vergangenen, das Spekulieren über ungelegte Zukunftseier? Ganz und gar gegenwärtig zu sein ist eine Geisteshaltung, die der Franke mit dem Buddhisten teilt. Der Buddhist sagt: »Glücklich bist du, wenn du vergisst, woher du kommst, glücklicher aber noch, wenn du vergisst, wohin du gehen willst!«

Fränkische Buddhisten sind bevorzugt in den gemütlichen fränkischen Wirtshäusern anzutreffen, je vorgerückter die Stunde, desto buddhistischer die Gäste. Dann tritt ein, was der Buddhist unter Glückseligkeit versteht, dann weiß mancher Gast nicht mehr, woher er kommt und erst recht nicht, wohin er gehen will. Fränkisches Bierwana eben! Der fränkische Wirtshausbuddha hält es mit dem alten Bibelspruch: »Sie sieden nicht, sie brauen nicht, und Gott ernährt sie doch!«

Das Leben im Hier und Jetzt ist eine Kunst, die in Deutschland vielerorts in Vergessenheit geraten ist. Nicht in Franken. Und wenn der Franke das Futur tatsächlich einmal einsetzt, erkennt man selbst daran, wie viel mehr er die Gegenwart schätzt. Er benutzt das Futur nämlich nur, wenn eine Befürchtung mitschwingt, etwa wenn der vierte Schafkopfbruder ausbleibt: »Der wird doch no kumma?«

Fränkisch für alle!

Das Fränkische ist auch deshalb so sympathisch, weil es in seinen grammatikalischen Strukturen viel einfacher als das Hochdeutsche ist. Würde man das Fränkische zu unserer offiziellen Amtssprache machen, wir sind überzeugt, es wäre bei Ausländern deutlich beliebter. Ganz zu schweigen von unseren Schulkindern. Mit vier Fällen muss man sich im Hochdeutschen plagen. Wer denkt, das wäre gottgegeben, der irrt! Man kommt hervorragend und ohne irgendwelche Verständnisprobleme mit zwei Fällen aus. Dem Nominativ und dem Akkusativ. Dativ? Wozu? Sagt der Hochdeutsche »Mit *den* Kindern spielen«, so sagt der Franke »Mid *die* Kinner schbieln«. Und jeder weiß genau, was gemeint ist. Genitiv? »Der Sohn des Georgs« wird kurzerhand zu »Den Gerch sei Bu«. Auch sonstige Fallstricke der deutschen Sprache werden im Fränkischen elegant umgangen. Wie oft muss man sich spöttische Korrekturen anhören, etwa wenn man »als« und »wie« verwechselt. (»Ich bin größer wie du!« – »Ha, ha! Größer *als* ich, du Dödel!«) Der Franke sagt einfach: »Ich bin größer *als wie* du!« Genial, nicht wahr? »Als wie«, und schon kann man nichts mehr falsch machen.

Einfach und logisch, die perfekte Sprache für alle Ausländer. Nur dem Unterfranken gelingt es, diese Einfachheit noch zu toppen. Der Unterfranke, besonders in der Schweinfurter und Würzburger Gegend, hat etwas geschafft, das keinem anderen deutschen Dialekt bislang gelungen ist: den vollkommenen Verzicht auf feststehende Infinitivendungen. »Laufen« wird zu »lauf«, »küssen« zu »küss«. »Ich mag dich küss!« Wie im Englischen! Knapp, logisch und einprägsam. Dabei handelt es sich keineswegs um ein lautliches Phänomen, um ein Verschleifen des Hochdeutschen. Werden die Verben nicht im Infinitiv benutzt, sondern zum Beispiel in der ersten oder dritten Person Plural, dann tauchen die Endungen wieder auf (»mia küssen; sie küssen«). Auch die komplizierten Beugungen der Verben, für jeden Ausländer ein Graus, sind im Fränkischen deutlich seltener. Hochdeutsch: »Wissen – gewusst« wird zu »wissen – gewisst« oder »denken – gedacht« zu »denken – gedenkt«. Schließlich räumt der Franke mit den verschiedenen Relativpronomen auf und ersetzt sie konsequent durch das einfache Wörtchen »wo«. Hochdeutsch: »Die Frau, *die* ich traf.« Fränkisch: »Die Fraa, *wo* ich treffd hob.« Hochdeutsch: »Der Hai, *der* mich biss«. Fränkisch: »Der Hai, *wo* mich bissen had.« Hochdeutsch: »Das Häuschen, *das* im Wald steht.« Fränkisch: »Das Heisla, *wo* im Wald steht.« Gelegentlich, wenn ein Franke mit einem Hochdeutschen spricht, kommt er ihm sprachlich entgegen, höflich, wie es seine Art ist. Dann wird aus der Frau, die er traf »die Fraa, *die wo* ich treffd hob«. Der Franke aber kann noch radikaler. Wenn's drauf ankommt, kann das »wo« gleich mehrere Wörter ersetzen. »Das Buch, *von dem* du mir gestern erzählt hast« wird zum »Buch, *wo* du mir gestern erzählt hast«. Sagen Sie selbst, kann man es einfacher ausdrücken?

Fränkische Zungenbrecher

Als Meister des Fränkischen kann gelten, wer sich bei den folgenden sechs gemeinen Sätzen nicht die Zunge bricht:

A Mamaladnamala hamma zwar ans daham,
aba a Rhabarbamamalaad hamma kanna.
(Ausdruck des Bedauerns, dass man zwar ein Marmeladeneimerchen im Haus hat, aber keine Rhabarbermarmelade.)

Hinnern Hons sai Hänahaus, hänga hunnad Hosn raus.
(Hinter dem Hühnerhaus eines gewissen Hans hängen hundert Hosen raus.)

Mou kum rou un lou in Rollou rou!
(Die freundliche Aufforderung einer Nürnbergerin an ihren Mann, doch runterzukommen, um das Rollo herunterzulassen.)

Geh scho noo doo und fang oo doo, wall ich doo ahnu noo mou.
(Geh doch bitte schon mal hinunter und fang an, weil ich da auch noch hinunter muss.)

Ess fei dei Dällala läa!
(Aufforderung an den Nachwuchs, gefälligst alles aufzuessen.)

Wou die Hasen Hoosn und die Hosen Huusn haaßn.
(Schönes Beispiel für den Nürnberger Stadtdialekt, die Einflüsse aus der nahen Oberpfalz sind nicht zu überhören: das »o« wird zum »ou«)

Kurzer Sprachkurs für Radler

Sie haben sich für eine Radtour durchs schöne Frankenland entschieden, Gratulation, denn wo lässt es sich schöner radeln als entlang der Ufer von Main, Tauber oder Altmühl? Was aber, wenn Sie einen technischen Defekt haben und der ölverschmierte Mechaniker der kleinen Dorfwerkstatt nur Fränkisch spricht? Dann ist es gut, über basale Kenntnisse dieses schönen Dialekts zu verfügen. Die wichtigsten Redewendungen wollen wir Ihnen kurz übersetzen.

Wenn Sie dem Zweiradspezialisten gründlich und in aller Ausführlichkeit Ihr Problem schildern und ihn dann, weil er keine Miene verzieht, fragen, ob er Sie auch verstanden hat, wird er Ihnen »Ich bin doch nedd bleed!« erwidern. »Ich bin doch nedd bleed« bedeutet, eine gründliche testpsychologische Untersuchung hat ergeben, dass das kognitive Leistungsvermögen des Herrn nicht signifikant vom Durchschnitt abweicht.

Macht sich der Monteur nun daran, Ihr Fahrrad genauer zu inspizieren, und ihm entfährt bei der Untersuchung der Satz: »Su a Glumb, su a verreggds!«, hat er entdeckt, dass Ihre Gangschaltung in China gefertigt wurde. Fragen Sie ihn, ob er das Problem lösen könne, und er schüttelt den Kopf und sagt: »Su aafach is des fei nedd«, dürfen Sie erleichtert aufatmen. »Su aafach is des fei nedd« heißt übersetzt, eine Reparatur ist prinzipiell möglich. Ergänzt der Herr seine Ausführungen mit: »Obber heid nämma!«, sollten Sie sich nach einer Übernachtungsmöglichkeit umsehen. Nur wenn er »Mach mer nedd« brummelt, besteht Anlass zu ernster Sorge. »Mach mer nedd!« bedeutet, auch wenn Sie Ihre Bitte nach Reparatur nicht zurückziehen, sieht sich der Herr doch außerstande, Ihren Wunsch zu erfüllen.

Fängt er aber sogleich mühsam zu schrauben an und Sie unterhalten ihn währenddessen mit Ihren Reiseerlebnissen, kann es sein, dass Sie ein »Hald die Babbm!« zu hören bekommen. Damit bittet der freundliche Herr Sie keineswegs, ihm zu helfen, indem Sie ein Ihnen unbekanntes Teil Ihres Fahrrads namens »Babbm« für ihn festhalten sollen, »Hald die Babbm« bedeutet lediglich, dass der Herr die volle Konzentration für seine Arbeit aufbringen muss und Ihren interessanten Ausführungen im Moment nicht folgen kann. Dann sollten Sie Ihren Redefluss dringend unterbrechen, sonst könnte es passieren, dass Sie beim Weiterfahren den Meister zum Lehrling sagen hören: »Der hodd an Baddscher!«, was man leider nicht ins Hochdeutsche übersetzen kann.

Über Freundlichkeit und Humor des Franken

Zugegeben, der typische Franke erliegt nur selten einem Anfall übertriebener Freundlichkeit. Ihn deshalb aber gleich muffelig und maulfaul zu schimpfen, ist höchst ungerecht. Sein Temperament ist stets gemäßigt und frei von Übertreibungen. Es ist lediglich nicht jedem diese unaufgeregte Form des Umgangs vertraut, was zu Missverständnissen führen kann, eine Erfahrung, die auch der bekannte irische Sänger Chris de Burgh machen musste, als er in einem Bamberger Restaurant einkehrte. Der Barde, dem wir so wunderbar schmachtende Lieder wie »Lady in Red« (»Di roude Fraa«) verdanken, war so schockiert, dass er sich sogleich via Facebook über die fränkische Bedienung beschwerte: »Ein Lächeln, Augenkontakt und Höflichkeit ist nicht viel, was man lernen muss.«

Lieber Chris de Burgh, natürlich können wir verstehen, dass Sie sich nach einem anstrengenden Konzert auf einen entspannten Restaurantbesuch freuen. Ihre so gar nicht internett geäußerte Kritik aber können wir nicht teilen. Es handelt sich um den typischen Fall eines ethnischen Missverständnisses: Mimik, Gestik und Wortwahl sind in fränkischen

Lokalen eben anders. Sie beklagen das nicht vorhandene Lächeln. Eine Fehlwahrnehmung. Die fränkische Bedienung versteht die Kunst, kaum erkennbar nach innen zu lächeln. Wir gestehen, dass sich diese Form des intrinsischen Lächelns nicht auf den ersten Blick offenbart.

Schon die alten Römer aber haben zwischen Laetitia, der lauten Heiterkeit, und Gaudium, der leisen, verborgenen Freude, unterschieden. Das fränkische Lächeln besitzt den großen Vorzug, dass es sich nicht aufdrängt und den Gast nicht behelligt. Denn bringt ein unerbetenes Lächeln den Angelächelten nicht in die unangenehme Situation, zurücklächeln zu müssen? Ob er will oder nicht? Was aber, wenn dem Gast nicht zum Lächeln zumute ist? Dann geht es ihm wie den armen Stewardessen, die am zwanghaften Lächeln erkranken. Was ist ein solches erzwungene Lächeln wert, werter Chris de Burgh?

Auch der von Ihnen beklagte fehlende Augenkontakt ist in Wahrheit eine Form der Höflichkeit. Aus der Tierpsychologie wissen wir, Blickkontakt kann das Gegenüber aggressiv stimmen. Jedem, dem ein bissiger Hund begegnet, wird dringend davon abgeraten, diesem in die Augen zu schauen. In vielen Kulturen ist daher der Blickkontakt bei der Begrüßung nicht üblich, ja, er wird geradezu vermieden. Auch in Deutschland ist dies lange so gewesen, wie man bei unseren Dichtern nachlesen kann. Ständig schlugen die jungen Damen die Augen züchtig nieder und senkten den Blick, wenn sie einem Herrn begegneten. Diese Tradition ist in der fränkischen Bedienung noch lebendig und keineswegs Ausdruck von Unhöflichkeit. Unhöflich, lieber Chris de Burgh, scheint uns hingegen Ihre Aufforderung den Fährmann nicht zu bezahlen, bevor er Sie am anderen Ufer abgesetzt hat (»Don't pay the ferryman«). Der Franke jedenfalls zahlt auf jeder Mainfähre seinen Fahrpreis schön artig im Voraus. So geht Höflichkeit! Und wenn Sie wieder einmal in einem fränkischen Lokal einkehren und ein zweites Bier wünschen, ist es absolut unnötig, nach der Kellnerin zu rufen. Es reicht völlig aus, den Deckel des Bierkruges aufgeklappt zu lassen oder – beim Fehlen desselben – das leere Glas zur Seite zu legen, schon wird ihr Wunsch erfüllt werden. Auf unauffällig fränkische Weise.

Wie flirte ich mit einem Franken?

Der Franke ist an und für sich ein nüchterner Zeitgenosse. Zwar ist er durchaus erfindungsreich, den Flirt jedoch hat er nicht erfunden. Obwohl sich im Laufe der Jahrhunderte, bedingt durch die zentrale Lage in Europa, zahlreiche auswärtige Gene in sein Blut gemischt haben, ist es ihm bislang gelungen, sich jedem Anflug südlichen Temperaments zu entziehen. Das gilt es zu berücksichtigen, wenn Sie sich ein männliches Opfer ausgeguckt haben. Erwarten Sie nicht zu viel von ihm! Auf die Idee, die Initiative zu ergreifen, wird der klassische Franke nicht kommen. Sie müssen schon sehr deutliche Signale aussenden. Und auch damit können Sie leicht scheitern. Während es in Köln schon ausreicht, sich in ein Café zu setzen und dem netten Kerl vom Nachbartisch kurz zuzuzwinkern, kann es Ihnen in Nürnberg passieren, dass der junge Mann pietätvoll seinen Blick abwendet, weil er glaubt, Sie litten unter einem bedauernswerten Blinzeltick. Lächeln Sie ihn an, wird er gar annehmen, Sie hätten Ihre Brille vergessen und ihn deshalb mit einem Bekannten verwechselt. Auch der anderswo so erfolgreich praktizierte Trick, den Blick verloren in die Ferne zu richten, den Oberkörper zu straffen und die Haare verwegen nach hinten zu werfen, wird Ihnen keinen großen Erfolg bescheren. Falls Ihr Opfer Ihre Gesten überhaupt bemerken sollte, wird es allenfalls vermuten, Sie wollten verhindern, dass Ihnen die Locken in Ihren Latte macchiato fallen. So praktisch denkt der Franke.

Abzuraten ist auch von neumodischen Flirtvarianten wie dem Speed-Date. Ein solches wurde auf dem Nürnberger Volksfest angeboten. Sie setzen sich für eine Stange Geld in die Gondel eines Riesenrads und haben, während sich das Rad einmal im Kreis dreht, die Chance, mit Ihrem Gegenüber vertraut zu werden. Machen Sie das nicht! Das muss schiefgehen! In knapp fünf Minuten mit einem Franken ins Gespräch zu kommen, ist unmöglich. Das ist, als ob Sie in fünf Minuten versuchen, ein tiefgefrorenes Hähnchen aufzutauen.

Um mit einem Franken zu flirten, müssen Sie völlig anders vorgehen. Sie müssen ihn bei seiner schwächsten Stelle packen, bei seiner Hilfsbereitschaft. Dann haben sie eine echte Chance, denn hilfsbereit ist der Franke in hohem Maße. Stellen Sie sich beispielsweise am Fahrkartenautomaten bewusst dumm. Werfen Sie mit zunehmender Verzweiflung die Urlaubsmünze aus Schweden, die mit dem Loch, wieder und wieder in den Schlitz. Rasch wird Ihnen ein junger Mann zu Hilfe kommen, er kann nicht anders, weil ihn ein Schlüsselreiz getroffen hat. Der Schlüsselreiz besteht aus der Kombination weibliches Wesen und technisches Problem. Darauf fallen neunzig Prozent der Franken herein. Ist gerade kein Fahrkartenautomat in der Nähe, tut's auch ein Beleuchtungsproblem Ihres Fahrrads. Oder, besonders effektiv, weil nahezu universell einsetzbar, ein Handydefekt. Drücken Sie unauffällig einen Krümel Ihres Kuchens auf die kleine Frontkamera, tippen Sie dann deutlich sichtbar und mit unglücklichem Gesicht auf den Tasten herum, geben Sie ruhig unwillige Kommentare dazu ab, schimpfen Sie auf die blöde Gesichtserkennung und werfen das Gerät schließlich mit ratloser Miene vor sich auf den Tisch. Spätestens jetzt wird der junge Herr vom Nachbartisch auf Sie aufmerksam werden und Ihnen seine Hilfe anbieten. Haben Sie keine Angst, dass er Ihnen wegen der so offensichtlich manipulierten Kamera auf die Schliche kommen könnte. Der Franke ist völlig ohne Arg und wird niemals ein raffiniertes weibliches Manöver dahinter vermuten, wenn er den Krümel entfernt. Himmeln Sie ihn ruhig ein wenig an, wenn er Ihnen das Handy zurückreicht, sagen Sie, Sie seien beeindruckt von so viel technischem Sachverstand und ihm zutiefst dankbar. Antwortet er darauf mit einem trockenen »Basst scho!«, seien Sie keinesfalls enttäuscht. Der Anfang einer wunderbaren Konversation ist gemacht! Laden Sie ihn aber, bevor Sie auseinandergehen, niemals noch auf eine Tasse Kaffee zu sich ein! Das könnte schiefgehen, weil der Franke tatsächlich glaubt, Sie wollten ihn nötigen, um diese Uhrzeit noch eine Tasse Kaffee in Ihrer Wohnung zu trinken. Viel erfolgreicher sind Sie, wenn Sie ihn einladen, Ihre defekte Espressomaschine zu reparieren. Dann kommt er mit! Garantiert! (Und wenn Sie ihn am nächsten Morgen fragen, wie es ihm gefallen hat, wissen Sie schon, was er antworten wird … Richtig! Und Sie können sehr zufrieden mit sich sein.)

Das fränkische Schäufele

Fragt man einen Franken, was wohl das fränkische Nationalgericht sei, so wird man neben vielen verwurstelten Köstlichkeiten meistens das Schäufele genannt bekommen. Zumindest trifft dies auf weite Teile des mittleren und östlichen Frankens zu, einer Region, die gemeinhin auch als Bierfranken bekannt ist. Kein Zufall, dass Bierfranken und das Schäufeleland zusammenfallen, wird man doch durch die Kombination von Bier und Schäufele erst in den wahren fränkischen Himmel katapultiert.

Das fränkische Schäufele unterscheidet sich von seinem badischen Verwandten dadurch, dass das Fleisch nicht gepökelt oder geräuchert wird. Das fränkische Schäufele ist ein frischer Braten. Hierfür kugelt man der erlegten Sau beherzt die Schulter aus und schiebt diese inklusive Schulterblatt und Fettschwarte in den heißen Ofen. Servierbereit ist das Schäufele, wenn das Fleisch knusprig braun ist und die Schwarte kleine Bläschen wirft. Durch den Knochen erhält das Fleisch, das butterweich auf der Zunge zerschmilzt, seine besondere Würze. Das perfekte Schäufele erkennt man daran, dass die Schwarte beim Reinbeißen herrlich kracht (Vorsicht! Plombentöter!). Für die Honoratioren des Ortes aber wurde stets eine andere Köstlichkeit reserviert, das verborgene Fleischstück an der Unterseite des Knochens. Nicht umsonst heißt dieser Gaumenschmeichler bis heute Bürgermeister- oder Pfaffenstück. Je nachdem, wer mehr zu sagen hatte. Sollte diese Spezialität bei Ihrem Schäufele fehlen, beschweren Sie sich nur kräftig. Die alten Privilegien nämlich, sie gelten schon lange nicht mehr. Und bestellen Sie niemals Pommes oder Bratkartoffeln zum Schäufele! Zum fränkischen Schäufele genießt man die Kartoffeln ausschließlich in Kloßform. Deren Herz erkennen Sie an den Bröckerla, kleinen gerösteten Brotwürfeln. Als Beilage wird man Ihnen in Frankens Süden meist einen bunten Salatteller servieren, je weiter nördlich Sie tafeln, desto krautiger wird das Drumrum.

Entdecken Sie an der Tür einer Gastwirtschaft einen Aufkleber mit einem lustigen Schwein auf einem Frankenrechen und dem Ausruf »Sau,

Sau, hurra!«, dann nur fröhlich hereinspaziert! Der Aufkleber ist die TÜV-Plakette für alle wahren Schäufele-Schmieden. Sie wird vom Verein »Freunde des Fränkischen Schäufele n. n. e. V.« verliehen. – »N. n. e. V.«? – »Noch nicht eingetragener Verein«. Wollen Sie den noch nicht eingetragenen Verein unterstützen? Dann melden Sie Ihre Schäufele-Erfahrungen per Postkarte. Ein Punkt bedeutet »Allmächd!«, zwei Punkte »Magendrücken«, drei Punkte »fei nix«, vier Punkte »na ja«, fünf Punkte »bassd scho«, sechs Punkte »goud«, sieben Punkte »fei goud«, acht Punkte »schäufelegoud«, neun Punkte »Sau hurra!«, zehn Punkte »Sau, Sau, hurra!«. Etwas irreführend an dieser Benotung ist nur, dass »bassd scho« nur fünf Punkte gibt. Denn »bassd scho« ist bekanntlich der Franken Lobeshymne höchste. Wenn das Essen wirklich gruselig war, können Sie auch null Punkte vergeben. Null Punkte bedeutet: »Die Sau starb umsonst!«

Das typischste fränkische Schäufele stammt natürlich von der Albrecht-Dürer-Sau. Der exakten Beobachtungsgabe Dürers haben wir es zu verdanken, dass wir wissen, wie das Urhausschwein ausgesehen hat. Dürer hat die biblische Geschichte vom verlorenen Sohn in Holz geschnitten und in der Szene, in welcher der verarmte Sohn sich als Schweinehirt andient, die prächtigsten fränkischen Säue porträtiert. Wollen Sie die liebevoll nachgezüchtete Albrecht-Dürer-Sau im Original bewundern, besuchen Sie das Fränkische Freilandmuseum in Bad Windsheim oder den Wildpark Hundshaupten in der südlichen Fränkischen Schweiz. Aber schielen Sie nicht ständig nur auf die Schulter der Sau, Sie Feinschmecker. Die Sau besitzt noch andere Qualitäten. Einzigartig schmeckt das Schäufele auch, wenn es sich bei dem Organspender um das Iphofener Eichelschwein handelt. Dieses darf als eines der wenigen Zuchtschweine noch fröhlich im Wald herumgaloppieren und sich von nichts anderem als von natürlichen Früchten ernähren, von Pilzen und Waldbeeren. Und Eicheln eben.

In vergangenen Jahrhunderten war diese Art der Tierhaltung noch absolut üblich, da trieben die Schweinehirten die Dorfschweine jeden Herbst durch die Hütewälder. In Franken hat man die Waldweide nun wiederentdeckt. In Iphofen, im Steigerwald, suhlen sich von September bis zum ersten Schnee an die 200 Schweine im Waldboden. Das fränkische Eichelschwein, ausschließlich durch frische Waldkost gemästet, braucht zwar dreimal so lange, bis es sein Schlachtgewicht auf die Waage bringt, sein Muskelfleisch aber, durch das freie Gehopse auf natürliche Art herangereift, schmeckt unvergleichlich, ein nussig-würziges Aroma mit einer leichten Bariquenote (Eiche!). Und ohne den Bratsaftverlust östrogen- und antibiotikagedopter Standardschweine. Wenn Sie das fränkische Eichelschwein nicht als Schäufele bekommen, so sei Ihnen der luftgetrocknete Schinken empfohlen. Ein Geheimtipp! Feiner als der feinste spanische Serrano-Schinken. Olé!

Land der Würste

Groß ist die kulinarische Vielfalt in Franken, unschlagbar aber ist Franken, wenn es um die Wurst geht. Wurstexperten sagen: kein Land, das Franken das Senfglas reichen könnte. Egal, welchen Teil Frankens Sie bereisen, überall wird man Sie mit einer eigenen Wurstkreation überraschen. Weit über die fränkischen Grenzen hinausgewandert sind die berühmten Nürnberger Rostbratwürste, ihren Wandertrieb haben sie unter anderem Uli Hoeneß zu verdanken. Als Metzgersohn weiß Hoeneß, was eine gute Wurst ausmacht, und als Schwabe, wo man sein Geld gewinnbringend anlegt. So kaufte er sich in Nürnberg eine Wurstfabrik und lässt nun die köstlichen Dinger über einen bekannten Discounter vertreiben, dessen Namen wir nicht nennen wollen. All die leckeren und noch dazu steuerehrlichen Würstchen ...

Die Nürnberger Rostbratwurst zeugt noch heute von den weitläufigen Handelsbeziehungen der Nürnberger Patrizier, ihre Gewürze kommen aus aller Welt. Und die feinen Därme von persischen Schafen. Sie sei so zierlich, damit man sie den Gefangenen durchs Schlüsselloch reichen konnte, heißt es. Die Nürnberger Rostbratwurst ist die geselligste aller fränkischen Würste, niemals kommt sie allein. Sie ist zudem ein Beweis für die fränkische Innovationskraft: Lange vor McDonald's haben die Nürnberger ihn erfunden, den Schnellimbiss. Für »Drei im Weggla« lässt der Franke heute noch jeden Hamburger sausen.

Die Coburger Rostbratwurst gibt Hinweise auf die sächsisch-thüringische Abstammung der Stadt. So lang und gewaltig kommt sonst nur die Thüringer daher. Streng wacht Moritz, der Stadtpatron, über dem Marktplatz. Keine Wurst darf kürzer sein als der Marschallstab, den er in den Händen hält, stolze 31 Zentimeter. Als Glutgut dürfen nur die Butzeln ran, die Kiefernzapfen. Und zwar nur die weiblichen! Die Wurst, das männliche Prinzip, durch weibliche Hitze erst zur Vollendung gebracht. Machen Sie nicht den Fehler, die Coburger mit Senf zu bestellen. Ein Sakrileg! So spüren Sie ja den feinen Duft der Zitronen nicht, die Moritz, der Ägypter, vom Mittelmeer mitgebracht haben dürfte. Und achten Sie darauf, wie die nette Wurstverkäuferin das Semmelmesser führt. Wie ein Richtschwert dringt es von oben nach unten in das Brödla – sinnvoll, denn so reduziert sich das Kindergeschrei erheblich, ist doch beim vertikalen Schnitt die Wurstrausplumpswahrscheinlichkeit statistisch am geringsten.

Um in die Riege der fränkischen Wurstmetropolen aufzusteigen, hat man in Schweinfurt lange herumgetüftelt. Im April 2012 war es dann so weit, auf dem Schweinfurter Wochenmarkt stiegen verführerische Rauchwolken auf, die ersten »Schweinfurter Bratwürste« wurden gegrillt und an Ort und Stelle verzehrt. Nicht ganz so lang wie die Coburger, aber mit 25 Zentimetern durchaus vorzeigbar.

Bierfranken gleich Wurstfranken? Weit gefehlt! Auch im weinseligen Unterfranken pflegt man die Kunst der Verwurstung. Mit einer höchst individuellen Rezeptur, versteht sich. So haben die Würzburger die Winzerwurst erfunden, deren Name nicht nur auf die reiche Winzertradition Würzburgs verweist, sondern zugleich auf den Inhalt dieses Gaumenschmeichlers. Die Winzerwurst wird nämlich mit einem ganz besonderen Saft gewürzt: mit feinem Silvaner. Ohne dass man Sie schief ansehen wird, können Sie sich zur Winzerwurst getrost einen Schoppen Frankenwein bestellen. Und wenn Sie es schaffen, nach dem zweiten Schoppen dreimal hintereinander »Welch würzige Würzburger Winzerwürste!« auszurufen, dürfen Sie sich noch einen dritten Schoppen genehmigen.

Sulzfeld ist der Rekordhalter. Zumindest, was die Länge der Wurst angeht. Schuld daran ist der lobende Kommentar eines Gastes im Wirtshaus *Goldener Löwe*, der sich zufrieden über den Bauch strich und zum metzgernden Wirt sagte: »Die Wurscht könnt ich meterweise ess!«, worauf der Wirt ihn beim Wort nahm, in die Küche eilte und kurz darauf die erste Sulzfelder Meterbratwurst servierte. 70 Jahre ist das her, und damit hätten es die Sulzfelder auch gut sein lassen können, allein, sie wollten es noch extremer, sie wollten zugleich den Rekordesser küren und forderten alle Bratwurstfreunde zu einem Wettessen auf. 1953 gab man sich noch mit 1,75 Meter Bratwurst zufrieden, die Beilagen nicht mitgerechnet. Dann purzelten die Rekorde. Im Jahr 1982, als das Wettessen im *Gasthof Hirschen* stattfand, verdrückte der Sieger unglaubliche 5,15 Meter. Mit einer solchen Wurst kann man getrost den Alten Torbogen ausloten. Diese wahnsinnige Tat schreckte alle Wettbewerber. 17 Jahre hielt der Rekord, bis ein ausgehungerter Mann, nachdem er unter den aufgerissenen Augen der Jury die 5,15 Meter verdrückt hatte, sich als Nachschlag noch weitere 45 Zentimeter reichen ließ und mit unglaublichen 5,60 Bratwurstmetern Geschichte schrieb. Ohne bleibende Schäden zu erleiden, wie die Chronik festhält. Alles, was Recht ist, aber eine solche Art von Hardcore-Wurstvernichtung missbilligen wir zutiefst. Auch ohne Vegetarier zu sein. Was soll der Unfug? Der Franke ist ein Gourmet und kein Gourmand. Ein Meter Bratwurst muss langen.

Wir kommen nun zu einer Wurst, deren reine Namensnennung vielen kalte Schauer den Rücken hinunterjagt. Die Hirnwurst. Niemals würden Sie je einen Bissen davon nehmen! Völlig zu Unrecht. Ein einziges Missverständnis. In der Hirnwurst befindet sich kein Gramm Hirn. Weder vom Ochsen, vom Schwein, noch vom Schaf. Die Hirnwurst heißt schlicht und einfach Hirnwurst, weil ihr Genuss den »Hirnis« vorbehalten war, also den Studierten des Ortes, dem klassischen Akademikertrio: Lehrer, Pfarrer, Doktor. Doktor ist auch Herr Udo Richter, der den »Hirnwurst-Contest« in der Fränkischen Schweiz organisiert. 30 Wurstexperten müssen an die 20 Hirnwürste blind verkosten und daraus den Meister küren. Um den Geschmack zwischen den Proben zu neutralisieren, sind nur Scheiben vom Holzofenbrot und dunkles Landbier erlaubt. Hirnwurst wird aus magerster Schweineschulter und properen Schweinebäckchen gemacht, gewürzt mit Salz, Pfeffer, Majoran und Muskat, wobei das Geheimnis des einzigartigen Geschmacks nicht allein in den Zutaten, sondern in der Herstellung besteht: Die Hirnwurst wird bei niedrigen Temperaturen äußerst schonend und langsam gegart und anschließend über einem Feuer aus reinem Buchenholz geräuchert. Magerste Schweineschulter! Allein diese Zutat lässt echten Franken das Wasser im Munde zusammenlaufen. »Die Hirnwurst ist quasi das Schäufele in Wurstform«, bringt es Udo Richter auf den Punkt. Er muss es wissen, hat er doch die Wartezeit zum Studium damit verbracht, in der familieneigenen Metzgerei im oberfränkischen Gräfenberg die Kunst der fachgerechten Fleischzerlegung zu lernen, was »irgendwie naheliegend« war, weil Udo Richter doch Medizin studieren wollte. Mit der Hirnwurst sei sie komplett, die »heilige fränkische Dreifaltigkeit«: Brot, Wurst und Bier. Mehr brauche es nicht. Aber wergli nedd!

Franken sind Tüftler und Erfinder. Besonders kreativ sind sie bei allen Experimenten rund um das Thema Bier. Und um das Thema Wurst. Wenn aber beide Themen zusammenkommen, ist etwas wirklich Sensationelles zu erwarten. Metzger Klaus Lindner fühlte sich herausgefordert, als ein Freund zu ihm kam und eine Wurst mit Biergeschmack bestellte. Wie sollte das gehen, wie bekommt man Bier in die Wurst hinein? Keine leichte Aufgabe, das Brät darf ja nicht zu weich werden. Die ersten Versuche verliefen frustrierend, selbst der Bundesforschungsanstalt für Ernährung und Lebensmittel in Kulmbach waren niemals mehr als zwei Prozent Bieranteil in den Experimentierwürsten geglückt. Metzger Lindner aber gab nicht auf. Und schaffte es, wissenschaftlich bestätigte 25 Prozent Dunkelbier in die Würste zu mischen. Seinem Produkt gab er den schönen Namen: Erste-Bengatzer-Bändel-Bier-Bratwurst. Haben Sie ein Lieblingsbier? Nur her damit! Metzger Klaus Lindner verwurstet es auf die schönste Weise. Vorausgesetzt, Sie bestellen 75 Würste. Mindestens.

Wer wohl die Blauen Zipfel erfunden hat? Welcher Abenteurer ist nur auf die Idee gekommen, fränkische Bratwürste oder auch Nürnberger Rostbratwürste statt auf einen heißen Grill in einen kochenden Sud aus Essig, Weißwein, Zwiebeln, Lorbeerblättern, Pfefferkörnern, Nelken, Wacholderbeeren, Salz und Zucker zu werfen? Höchst Eigentümliches geschieht den Würstchen bei dieser Behandlung. Ob es am Wein liegt? Die Würstchen werden blau. Blaue Zipfel sind nicht jedermanns Geschmack. Mit einer knusprigen Laugenbreze oder einer Scheibe Schwarzbrot als Geleitschutz aber erfreuen sie bis heute den Genießer. Vor allem in Bamberg, wo sie auf keiner Speisekarte fehlen dürfen.

Auch im fränkischen Süden bleibt man der Bratwurst treu. In Gunzenhausen, in der Metzgerei Storchen-Fischer, bekommt man ein wahrhaft historisches Würstchen präsentiert, die Römerbratwurst. Die Römerbratwurst heißt Römerbratwurst, weil sie nach einem original römischen Rezept hergestellt wird. Hieß es »Brot und Spiele«, so kann man davon ausgehen, dass in den Brötchen stets leckere Würstchen steckten, genau wie im Frankenstadion. Haben Sie keine Angst, mithilfe der Römerbratwurst könnte man die Opfer der blutigen Gladiatorenkämpfe entsorgt haben. Solche Kämpfe sind auch im ehemals römisch besetzten Teil Frankens selten geworden. Besonders gut schmeckt die Römerbratwurst vom Grill, den die Römer besonders heiß anzuschüren wussten. Der heilige Laurentius, der Namenspatron der stolzen Nürnberger Lorenzkirche, weiß ein Lied davon zu singen. Als ihn der römische Kaiser aufforderte, ihm die Schätze der Kirche zu bringen, führte Laurentius die Gläubigen seiner kleinen Gemeinde zu ihm: »Das sind die Schätze der Kirche!« Darauf ließ ihn der Kaiser auf den Grill werfen, weshalb der heilige Laurentius zum Schutzheiligen der Bratwurströster avancierte. Cool sein Spruch: »Könntest du mich bitte wenden, mich fängt's an, am Bauch zu frieren!«

Sie sagen, mit all den fränkischen Würstchen könnte man Ihre Kinder jagen? Sie sagen, Ihre Kinder würden nur eine Wurstsorte akzeptieren, ein alpenrepublikanisches Würstchen, nämlich das Wiener Würstchen? Entschuldigen Sie, dass wir Sie belehren müssen: Auch das Wiener Würstchen, über dessen Geschmack man durchaus unterschiedlicher Meinung sein kann, ist ein original fränkisches Geschöpf! Erfunden hat das Wiener Würstchen nämlich Johann Georg Lahner (1772–1845), und Johann Georg Lahner kam aus Gasseldorf, aus dem Herzen der Fränkischen Schweiz, ein echter fränkischer Wurstingenieur. Sie sehen, an Franken führt kein Weg vorbei. Jedenfalls, wenn's um die Wurst geht.

(Auch die Weltmeisterwurst kommt aus Franken: Metzgermeister Reck aus Möhrendorf erhielt die begehrte Auszeichnung der Confrérie des Chevaliers du Goûte-Andouille de Jargeau.)

Der Frankenwein

Was braucht ein guter Wein? Wo gedeihen gute Gewächse? Verschiedene Faktoren müssen neben guter Pflege und Erfahrung zusammenkommen. Ein passender, mineralstoffreicher Boden und eine geschützte Lage mit guter Sonneneinstrahlung sind wohl die wichtigsten. Für einen guten Weißwein aber mindestens genauso wichtig: kühle Herbstnächte, welche die Süße in den Wein treiben. Deshalb sind nicht unbedingt heiße südliche Gegenden auch automatisch gute Weingegenden.

In Franken findet der Weißwein perfekte Bedingungen. Im Maindreieck saugen die Wurzeln des Silvaners gierig die Mineralien aus den Muschelkalkböden, die Steillagen sorgen für nahezu perfekte Bedingungen. Diese Tropfen gehören zu den besten der Welt und räumen regelmäßig Preise bei den renommierten Wettbewerben ab. Aber nicht nur der Silvaner, auch Riesling, Scheurebe und Müller-Thurgau fühlen sich am Main pudelwohl. Ein Vorteil ist dabei auch die übersichtliche Größe der Weinbaubetriebe, die meisten sind traditionell in Familienbesitz. Keine Massenproduktion, sondern feinste Qualitätsarbeit. Auch wenn über viele Jahrzehnte gesündigt wurde und vielerorts die ökologische Vielfalt der Weinberge dem maximalen Ertrag geopfert, die Flur »bereinigt« wurde. Weinberge waren früher mit Streuobstwiesen gesäumt, zwischen den Reihen mit den Reben grünte und blühte es, viele seltene Pflanzen und Tiere waren hier zu Hause. Heute besinnt man sich wieder vermehrt dieser Zeit, lässt der Natur wieder mehr Raum, wirtschaften erste Betriebe wieder nach ökologischen Kriterien.

Für seine Weißweine ist Franken weltbekannt. Was weniger bekannt ist: Die fränkischen Winzer verstehen auch vorzügliche Rote zu keltern. Erst kürzlich stand eine Auswahl der exquisitesten Spätburgunder bei einem renommierten Wettbewerb in Asien zur Verkostung an. Blind selbstverständlich, das heißt, die Weinnasen wussten nicht, welche Tropfen ihnen präsentiert wurden. Klarer Favorit waren die Weine aus Frankreich, wo der Spätburgunder besonders gut gedeiht. Aber auch den kalifornischen Rebensäften wurde viel zugetraut, haben doch die Amerikaner nicht nur die Rebstöcke, sondern das gesamte Know-how aus Frankreich importiert. 39 Weine standen bei der Endrunde Parade, an 39 Proben hatten die kritischen Sommeliers zu schnuppern und zu schmatzen. Lang und intensiv wurden Geschmack und Aromen untersucht, Weinnasen lassen sich Zeit. Wer aber beschreibt das Erstaunen, als die Siegerflasche enthüllt wurde! Der beste Spätburgunder der Welt kommt aus Bürgstadt am Main. Ein Franke, der neue Weltmeister! Kein Zufall, sondern das Ergebnis exzellenter Arbeit. Das Weingut Fürst ist Weinliebhabern schon lange als Geheimtipp bekannt, spätestens seit 2003 der *Gault Millau* Winzer Fürst zum »Winzer des Jahres« gekürt hat.

Rot und Weiß, in beiden Kategorien gehören die Frankenweine zur Weltspitze. Ob sich deshalb die Würzburger Bischöfe mit dem Frankenrechen ein rot-weißes Wappen gewählt haben? Wegen der Farben der vorzüglichen Weine?

Bierfranken

Alle paar Wochen startet Klaus Vogt aus dem oberfränkischen Debring seinen Mercedes-Transporter, fährt bei benachbarten Brauereien vor und belädt seine Kutsche mit den köstlichsten Bieren. Geht der Wagen in die Knie – und auch der Anhänger –, dann braust der Bierkutscher Richtung Westen, durch die Niederlande zum Ärmelkanal, wo er mit der Fähre nach England übersetzt. Bis nach Liverpool fährt »the franconian beerspecialist«, wo er stets mit lautem »Hello!« empfangen wird. Nichts schmeckt den englischen Bierfreunden besser als die köstliche Fracht aus dem fernen Franken.

Ein inniges Verhältnis zum Gerstensaft hatten schon frühere fränkische Transportunternehmen. Die erste Fracht, die 1835 auf der ersten deutschen Eisenbahn von Nürnberg nach Fürth dampfte, waren zwei Fässer Bier. Kein Wunder: In Franken schlägt das Herz der Brauwirtschaft, speziell in Oberfranken und angrenzenden Regionen Mittel- und Unterfrankens. Nirgendwo auf der Welt gibt es einen solchen Reichtum an Brauereien. Allein in Oberfranken sieden an die 200 Brauer ihre Biere, mehr als in jedem außerbayerischen Bundesland und jedem Land Europas. Lediglich in den USA, Russland und China liegt man vor den Oberfranken. Aber auch nur bezüglich der Zahl der Brauereien, nicht, was die Qualität des Bieres betrifft. Auf etwa 5500 Oberfranken kommt eine Sudstätte, rein statistisch muss man nur sechs Kilometer wandern, schon kann man sich im nächsten Braugasthof niedersetzen und sein Seidla trinken. Frisch von der Quelle. Einen durstigen Oberfranken wird man nur höchst selten finden.

Böse Zungen behaupten, die Tatsache, dass in Oberfranken statistisch die gewichtigsten Menschen des Freistaats leben, sei eben dem oberfränkischen Bier zu verdanken. Genauso logisch wäre es, das Verschwinden der Störche für die sinkende Geburtenfrequenz verantwortlich zu machen. Wissenschaftlich bewiesen hingegen ist, dass das Körpergewicht durch mäßigen Biergenuss durchaus vermindert werden kann. Zumindest theoretisch. Das Bier hat am Bierbauch keinen Anteil. Oder doch nur einen indirekten: Der Hopfen kann zu einem verstärkten Hungergefühl führen. Und so ein bierinduzierter Hunger kann schrecklich sein! Was soll man machen? Der herrlichste Salat passt einfach nicht zum Bier, wohl aber ein knuspriges Schäufele mit Klößen. Wohlsein!

Warum dampfen gerade in Franken so viele Brauschlote? Die Frage ist falsch gestellt. Früher schwitzten die Braukessel in jedem Dorf in Deutschland. Die zunehmende Konzentration auf einige Großbrauereien führte jedoch mehr und mehr zur Verdrängung der Kleinen. Dass dies – glücklicherweise – in Oberfranken nicht passierte, ist mehreren Faktoren zu verdanken. Ein wesentlicher Faktor ist sicher die Liebe zum Handwerk und zur Tradition, die viele Regionen Frankens noch auszeichnet. Oft werden die Braugeheimnisse von Generation zu Generation weitergegeben, die allermeisten fränkischen Brauereien sind in Familienbesitz geblieben. Die beste Brautradition aber nützt nichts, wenn die Kunden ausbleiben. Der echte Oberfranke jedoch bleibt seiner Hausbrauerei treu. Er verjevert oder verradebergert nicht, sondern holt sich daheim ums Eck noch regelmäßig sein Quantum frisch abgefüllt im Krug nach Hause oder auch gleich im Fass. Total regional! Und auch die Ökobilanz ist sensationell. Die bierigste aller Metropolen ist die Gemeinde Aufseß in der Fränkischen Schweiz, einer besonders bierreichen Region. Mit vier Brauereien bei nur 1400 Einwohnern ist man Weltmeister. Das musste selbst das Buch der Rekorde einräumen. Und zwar das von Guinness!

Das stärkste Bier der Welt

Es ist ein Kopf-an-Kopf-Rennen. Zwischen den Schotten und den Franken. Der Wettkampf um das stärkste Bier. Normalerweise als geizig verschrien, versuchen die Schotten von der Brauerei *Brew Dog* die Prozente ihres Bieres in unerreichbare Höhen zu schrauben. Doch die Brauerei *Schorschbräu* aus Gunzenhausen nimmt ihnen jeden Rekord gleich wieder ab. Eigentlich ist der Alkoholgehalt des Bieres durch die Leber der Hefen begrenzt. Obwohl die Hefen den Alkohol selbst produzieren, vertragen sie doch nur an die 20 Prozent, um sich danach ins Delirium zu verabschieden. Wie aber kann man dann den Alkoholgehalt steigern? Durch das Eisbock-Verfahren. Das Bier wird tiefgefroren und die Eiskristalle dann abgekratzt. Wenn man diesen Vorgang nur oft genug wiederholt, konzentriert sich das Bier weiter und weiter.

31 Prozent schaffte der Brauer Georg Tscheuschner schon, da toppten ihn die Schotten mit einem Gesöff von 32 Prozent, das sie stolz und martialisch »Sink the Bismarck« nannten. »The Bismarck« aber sank nicht, sondern gab jetzt erst recht Volldampf: 40 Prozentpunkte, daran konnte man sich die Kehle verbrennen. Die Schotten aber gaben sich noch nicht besiegt und konterten mit 55 Prozent, worauf das Schorschbräu zum finalen Schlag ausholte und die Latte auf 57 Prozentpunkte legte. Um eine Flasche davon zu erzeugen, braucht es 30 Flaschen Bockbier. Eine Flasche des schwarzen fränkischen Rekordbieres kostet deshalb auch 200 Euro. Nur etwas für echte Genießer.

Dreizehn kulinarische Tipps

Kulinarisch kommt in Franken jeder auf seine Kosten. Glücklicherweise gibt es selbst in den kleinsten Ortschaften noch mindestens eine Gastwirtschaft. Auch Freunde der Hohen Küche werden in Franken fündig, jedes Jahr blinken mehr Michelin-Sterne über dem Frankenland, vierzehn Restaurants waren es zuletzt. In diesem Kapitel werden dreizehn besondere Spezialitäten vorgestellt werden, deren Genuss man sich nicht versagen sollte.

Sie wollen die Currywurst eines Sternekochs probieren? Dann besuchen Sie das Freibadkiosk in Wirsberg! Starkoch Alexander Herrmann ist dort aufgewachsen und hat seiner Heimatstadt ein besonderes Geschenk gemacht. Also, diese Currysoße…, unvergleichlich! (Michael Kniess ist dieser Tipp zu verdanken.)

Sie möchten den Pionier des fränkischen Bio-Bieres kennenlernen? Im *Brauereigasthof Pfister* in Weigelshofen bei Eggolsheim stammt auch das vorzügliche Essen überwiegend aus regional, ökologischem Anbau.

Sie möchten Ihr eigenes Bier brauen und wünschen Malz aus Franken? In Zirndorf gibt es die Mälzerei *Gebr. Steinbach*, ein traditionelles Familienunternehmen mit Ursprungssitz in Erlangen. Das Getreide stammt überwiegend aus Mittelfranken, statt mit Gerste oder Weizen können Sie auch mit Dinkel-, Einkorn- oder Hirsemalz experimentieren. (Auch den Hopfen können Sie aus fränkischer Produktion erwerben!)

Ihnen gelüstet nach der nussigste Nussnugatcreme der Welt? Auf nach Gonnersdorf bei Cadolzburg. Rund um die Uhr können Sie die nussige Köstlichkeit bei der *GeNuss-Schmiede* aus dem Kühlautomaten ziehen, hergestellt aus fränkischen Haselnüssen, Nussanteil sensationelle 50 Prozent und ganz ohne Palmölung.

Für eine Lakritzstange lassen Sie alles liegen? Dann müssen Sie sich beim nächsten Besuch in Bamberg mit der schwarzen Köstlichkeit eindecken. In der Domstadt wird das Süßholz nicht nur geraspelt, hier wird es auch angebaut, das älteste bekannte Anbaugebiet des Bärendrecks in Deutschland. (www.bambergersuessholz.com)

Sie lieben Innereien? Dann müssen Sie die Vogelsuppe im Nürnberger Land probieren, traditionell wird sie am Donnerstag vor einer Kerwa serviert. (z.B. im *Landgasthof Vogel* in Pommelsbrunn)

Sie sind eher eine Käseliebhaber? Und wollen einen mit Liebe hergestellten Grottenkäse probieren? Dann fahren Sie zur Maximiliansgrotte bei Neuhaus an der Pegnitz. Hier reift er im Höhlendunkeln heran, hergestellt aus der Milch regionaler Kühe. (www.maximiliansgrotte.de)

Ihnen ist noch nach mehr Käsespezialitäten? Dann werden Sie in Erlangen fündig. Der Maître affineur Volker Waltmann beliefert mit seinen in den hauseigenen Kellern herangereiften und raffiniert veredelten Rohmilchkäsen viele Spitzenlokale. (*Käseecke Waltmann*, Friedrichstr. 10, 91054 Erlangen, www.waltmann.de)

Ihnen kann es nicht scharf genug sein? Dann sollten Sie Fleisch und Würste nicht mit Senf, sondern mit Kren verzieren, als Fertigprodukt der Firmen *Schamel* und *Koch* oder frisch geraspelt. In Baiersdorf wachsen die schärfsten Knollen heran, früher mussten die Arbeiterinnen bei der Verarbeitung Gasmasken tragen. Am dritten Sonntag im September findet der Baiersdorfer Krenmarkt statt.

Sie lieben Bioweine, möchten aber nicht auf Qualität verzichten? Fahren Sie nach Nordheim! Helmut Christ ist einer der Pioniere ökologischen Weinbaus. Seit fast 50 Jahren kommt der Weinberg ohne Chemie aus, aber auch beim Keltern achtet die Familie auf schonende Verarbeitung der Trauben. Das schmeckt man! (www.weingut-helmut-christ.de)

Sie lieben den Duft frischen Brotes? Dann sind Sie in Franken gerade richtig! Nirgendwo anders wird die Backkunst mit solcher Liebe praktiziert, die Vielfalt und die Qualität sind legendär, selbst wenn leider auch in Franken die Zahl der Bäckereien zurückgeht. Der »Freibäcker« Arnd Erbel aus Dachsbach im Aischgrund ist sicherlich einer der besten in ganz Deutschland. Er bäckt seine Brote ausschließlich mit Sauerteig. Und noch ein persönlicher Tipp: In der Bäckerei der Familie Frank in der Erlanger Paulistraße steht der Seniorchef auch mit 88 Jahren noch regelmäßig am Backofen. Wunderbar duftende Köstlichkeiten entstehen dort Tag für Tag. Probieren Sie einmal das Bauernbrot! Und wer den passenden, selbstgemachten Brotaufstrich sucht, auch der wird hier fündig.

(Ein guter Freund aus dem Libanon, der als Professor der FAU viel unterwegs ist, freut sich bei der Heimkehr nach Franken am allermeisten auf eine Scheibe guten fränkischen Brotes.)

Sie können sich für das Aroma fein destillierter Obstbrände begeistern? Die fränkischen Streuobstwiesen sind die besten Lieferanten für die edlen Tropfen. Am Tag der offenen Brennereien, am 3. Sonntag im Oktober, laden 14 Brennereien und drei Brauereien rund ums Walberla zur Degustation ein.

Sie lieben Fisch, zugleich jedoch zwickt Sie Ihr Ökogewissen, Sie wollen sich nicht schuldig machen an der Überfischung der Seen und Meere? Dann ist der fränkische Spiegelkarpfen wie für Sie geschaffen. Im Aischgrund reift er zu stiller Größe heran. Wer ihn mit einem hausgebrauten Bier genießen möchte, der fahre zum *Oberle* nach Kosbach, aber natürlich nur in Monaten mit einem R!

Wichtige fränkische Maßeinheiten

Um sich in Franken zurechtzufinden, sollte man die wichtigsten fränkischen Maßeinheiten kennen. Fangen wir bei den Weinliebhabern an. Wer in Sylt, am Berliner Gendarmenmarkt oder an der Münchner

Ludwigstraße ein Glas Wein bestellt, bekommt, wenn er Glück hat, 0,2 Liter ausgeschenkt, also das Fünftel eines Liters. In Franken hingegen bekommt man einen Schoppen und damit einen Viertelliter serviert, 0,25 Liter köstlichen Frankenwein. Wenn es heißt »Komm, lass uns schöppeln gehen«, dann leuchten nicht nur die Augen des Würzburgers. Multipliziert man einen Schoppen mit drei, kommt man auf den Inhalt eines Bocksbeutels, die nächste wichtige Maßeinheit, die zugleich eine Qualitätseinheit ist, denn seit jeher durften nur die besten Weine in den Bocksbeutel. Und wenn der Mond so schön über dem Maintal leuchtet, dass man nicht auseinandergehen will, darf man sich ruhig noch a Achterle bestellen, die kleinste fränkische Maßeinheit beim Wein. Wohl bekomm's!

Wir fahren fort mit dem Bier, das klassischerweise im Steinkrug ausgeschenkt wird, wodurch es länger kühl bleibt. Der Klassiker ist das Seidla, ein halber Liter bestes Frankenbier. Hat man sein Seidla intus, aber noch etwas Restdurst, so bestellt man einen Schnitt. Der Schnitt kostet die Hälfte, füllt den Krug aber oft zu zwei Dritteln, ein durchaus lohnender Absacker also. Clevere Nicht-Franken oder welche, die sich dafür halten, versuchen es gleich zu Beginn des Kellerbesuchs mit einem Schnitt, worauf jede fränkische Bedienung empört das Gesicht verzieht, denn der Schnitt muss sich erst durch ein Seidla verdient werden. Weniger noch als ein Schnitt beinhaltet die Einheit Maulvoll. Dass sie nicht exakt in Millilitern angegeben werden kann, leuchtet ein, sind doch auch in Franken die Mäuler höchst unterschiedlich groß. Weniger noch als a Maulvoll ist der ebenfalls frisch nachgeschenkte Spruuz, wobei die Ansichten zwischen fränkischen Bierdimpfeln in dieser Frage auseinandergehen, manche sehen auch den Spruuz vorne. Die vielleicht kleinste, sicher aber poetischste fränkische Maßeinheit für Bier ist das Naacherla. Hierbei handelt es sich um den letzten Schluck, der noch im Krug schwappt, oft aber nicht mehr getrunken wird, weil er zu warm geworden ist. (In der Nürnberger Südstadt spricht man manchmal auch von einem Lacherla, wie uns der Schreinermeister Alexander H. mitteilte.)

Wer nach dem Schäufele einen Verdauer braucht, der gönnt sich noch a Schdamberla, wobei wir mit 0,02 Litern am untersten Ende der fränkischen Volumenskala angekommen sind, aber mindestens genauso viel Genuss für unser Geld erhalten, denn auch die fränkischen Schnäpse sind vorzüglich!

Sogar die Maß – oder Mooß, wie sie auf Fränkisch vielerorts genannt wird – ist keine rein bayerische Erfindung, die Maß war stets auch in Franken heimisch. Und wie litten die Franken, als ihr Land bayerisch wurde. Bis 1811 maß die Würzburger Maß noch 1,17 Liter, nach der von München befohlenen Vereinheitlichung schrumpfte sie als bayerische Maß auf 1,069 Liter, später auf 1,000 Liter, heute auf 0,915 Liter (durchschnittliche Menge auf dem Münchner Oktoberfest). Nüchterne Tatsachen!

Das Franken WC

Franken steht für Qualität. Deshalb verwundert es nicht, dass viele fränkische Unternehmen das Wort »Franken« in ihren Namen aufgenommen haben. »Frankenbus« steht für Pünktlichkeit, »Frankenpost« für gute Informationen, der »Frankenkalender« für zuverlässige Zeitplanung, das »Frankenfloß« für fröhliche Mainfahrten ohne nasse Füße, der »Franken-Manager« für ehrliches und erfolgreiches Wirtschaften, die »Frankenschwestern« für Krankenschwestern mit dem besonderen »Bfiff«. Nichts spricht dagegen, als fränkisches Unternehmen mit dem Wort »Franken« im Namen zu werben, wir wären die Letzten, die dagegen protestierten. Und doch geschah es vor einer Weile, dass wir arg ins Grübeln gerieten.

Als wir auf einem Dorffest in der Fränkischen Schweiz das stille Örtchen aufsuchen wollten, standen wir vor einer blauen Verrichtungsbox, auf der groß und breit »Franken WC« stand. Recherchen ergaben, dass es sich dabei nicht um ein solitäres Häuschen handelt, sondern um eine frankenweit operierende Firma aus dem Herzen Mittelfrankens, die »Franken WC GmbH«, die an jedermann mobile Toilettenhäuschen ausleiht. Nicht, dass wir die Geschäftsidee als solche kritisieren, im Gegenteil, die »Franken WC GmbH« hat zweifelsohne ihre Verdienste, und nicht wenige wird es geben, die äußerst erleichtert sind, solch ein mobiles Häuschen vorzufinden, erleichterter noch, wenn sie es wieder verlassen. Wie viele Feste gibt es doch, bei denen man nicht ohne mobiles WC auskommt! Und der Service von »Franken WC« geht weit über die Bereitstellung der Häuschen hinaus, sie umfasst die Leerung des Sammeltanks, die Hochdruckreinigung der Kabine mit Desinfektionsmittel, das Auffüllen des Toilettenpapieres und die fach- und umweltgerechte Entsorgung der abgesaugten Flüssigkeiten.

Das Einzige, was uns anrüchig erscheint, ist die Verknüpfung der Wörter WC und Franken. Darf man das? Darf man an Franken einfach ein WC hängen? Führt dies nicht – sprachlich unbewusst – zu einer unschönen Konnotation? Möchte man wirklich zwei so unterschiedliche Begriffe in solch engen Zusammenhang gerückt sehen? Solche Gedanken schossen uns spontan durch den Kopf. Dann aber begannen wir die Sache nüchterner zu betrachten. Warum soll auf einem fränkischen Fest, bei dem reichlich gutes fränkisches Bier und guter fränkischer Wein fließen, nicht auch ein Franken WC bereitstehen? Ja, wird hierdurch nicht erst der Kreislauf der Natur in wahrhaft fränkischer Weise zu Ende gedacht? Wäre nicht zu befürchten, dass ein eingefleischter Franke etwa auf einem Bayern WC von einer akuten Obstipation geplagt würde? Oder er, anderes Extrem, gar nicht mehr vom WC herunterkäme? So gesehen erscheint die Namensgebung in neuem Licht. Dem Franken ist eben nichts Menschliches fremd! Das Einzige, was wir der Franken WC GmbH raten, ist, ihren Werbeslogan zu ändern, der uns so missverständlich dünkt, dass wir ihn kaum zu zitieren wagen. Da heißt es allen Ernstes auf der Homepage: »Ihr Geschäft ist unser täglich Brot.« Also, des brauchds fei nedd. Wergli nedd!

Franken, deine Berge

Die Dammersfeldkuppe, höchste Erhebung Unterfrankens, zweithöchster Berg der Rhön. Stolze 927,9 Meter hoch und nennt sich dennoch schlicht und einfach nur Kuppe. Kuppe, wie das klingt. Lakonisch, bescheiden, fränkisch eben. In Bayern nennt man schon einen Hügel von 730 Metern respektvoll den Irschenberg, in Schleswig-Holstein einen Buckel von 168 Metern Bungsberg. In Franken aber sind gewaltige 927,9 Meter eben nur eine Kuppe. Nichts weiter. In der Hohen Rhön, wo die Landkreise von Bad Kissingen und Fulda aneinanderstoßen, hart an der Grenze zu Hessen, liegt die Dammersfeldkuppe. Entlang des Bergkamms läuft eine unsichtbare Linie, eine Wasserscheide. Spuckt man nach Norden, so wandert die Spucke über den Gichenbach, zur Schmalau, zur Fulda, zur Weser. Spuckt man nach Süden, so geht's über die Kleine Sinn, zur Sinn, zur Fränkischen Saale, zum Main, zum Rhein. Letztlich macht's keinen Unterschied, man landet immer in der Nordsee. Spucken aber darf man nur, wenn man das Soldatenkleid trägt. Die Dammersfeldkuppe ist militärisches Sperrgebiet, gehört zum Truppenübungsplatz Wildflecken. Nur einmal im Jahr öffnen sich die stacheldrahtbesetzten Tore, einmal im Jahr darf man zwischen den Bombentrichtern hinauf auf die Kuppe, darf den Blick genießen. Über die Rhön, die fränkische und die hessische. Einmal im Jahr im Sommer.

Der Hesselberg, mit 689,4 Metern die höchste Erhebung Mittelfrankens. Ein stolzer Berg, ein trauriger Berg. Dem man übel mitgespielt hat. Benutzt hat man ihn, entweiht. Für ein scheußliches Spektakel, für die Frankentage. Julius Streicher, der selbsternannte Frankenführer, der übelste Hetzer gegen die Juden, der Herausgeber des *Stürmer*, hatte den Hesselberg zu seinem Olymp erklärt, zum Heiligen Berg der Franken. 100.000 Menschen strömten jedes Jahr die Hänge empor, von 1930 bis 1939 peitschte Streicher die Menge ein, auch Hermann Göring und Hitler höchstpersönlich brüllten hier ihre Parolen vom Tausendjährigen Reich, vom deutschen Wesen, an dem die Welt genesen soll, von den Volksfeinden, den Zersetzern. Während die fränkischen Juden, während tapfere Gegner des Regimes, Republikaner, Sozialisten, Sozialdemokraten, manche Kirchenleute auch, in den KZs gequält und ermordet wurden.

Von einer solchen Misshandlung erholt sich auch ein Berg nur langsam. Es dauerte eine Weile, bis er seine Ehre, seinen guten Ruf zurückgewann. Heute ist der Hesselberg wieder der Alte. Herrlich erhebt er sich über die freie Natur, an klaren Tagen blickt er unendlich weit übers Land.

Früh schon hat man ihn besiedelt, Reste langer Wallanlagen zeugen noch heute davon. Die Römer bauten ihren Limes um ihn herum, machten den Hesselberg zu einem römischen Vorposten. Dann kamen die Germanen, alemannisch-schwäbische Stämme vor allem, Orte, die auf -ingen enden, gründend. Zum Ende des 5. Jahrhunderts mussten sie dann den Franken weichen, dem Merowinger Chlodwig I. Die neuen Orte endeten nun auf -heim und -hofen. Gelegentlich duldeten die Franken die Alemannen auch, der Dorfvorsteher aber musste Fränkisch sprechen. Ordnung muss sein. Heute treffen sich jedes Jahr zu Pfingsten die Gläubigen der Evangelischen Landeskirche auf der Osterwiese und feiern hier den Bayerischen Evangelischen Kirchentag. Ein fröhliches Fest, ein Fest, das Gott und seine Natur heiligt.

Der Schneeberg, mit 1051 Metern nicht nur die höchste Erhebung Oberfrankens, sondern der höchste Berg Frankens überhaupt. Der Name sagt es schon: Kaum ein Ort in Franken, der länger vom weißen Kleid bedeckt wird, Schnee bis weit ins Frühjahr hinein. Durchschnittlich zeigt das Thermometer hier oben nur dreieinhalb Grad an. Im Mittelalter nutzten die Menschen den Schneeberg als Warte, als Glied einer Meldekette. Drohte Gefahr für das Land, wurde Feuer auf dem Schneeberg entzündet, lief die Meldung von Warte zu Warte. Die Felsengruppe auf dem Gipfel heißt Backöfle. Im Dreißigjährigen Krieg suchten die Menschen der umliegenden Dörfer hier Schutz, buken sich hier ihr Brot. Lange war auch der Schneeberg fürs Militär reserviert. Erst für die Reichswehr, dann für die US-Armee und die Bundeswehr. Riesige Antennen und Parabolspiegel lauschten nach Osten.

Seit 1993 ist der Schneeberg wieder entmilitarisiert, gehört wieder den Bürgern und der Natur. Und der Firma Vodafone, die den alten Bundeswehrturm nutzt, um die oberfränkischen Handys mit Daten zu füttern. Der Aufstieg zum Schneeberg lohnt sich. Doch Obacht! Hübsch auf den Wegen bleiben! Auf dem kalten Schneeberg hat sich eine eiszeitliche Vegetation erhalten, die empfindlich auf jeden Tritt reagiert. Finden Sie im Winter seltsame, katzenartige Pfotenabdrücke, sind Sie dem Luchs auf der Spur. Auch er fühlt sich im Fichtelgebirge wieder heimisch.

Die Dammersfeldkuppe, der Hesselberg, der Schneeberg, die höchsten Berge der drei fränkischen Bezirke. Die höchsten Berge – der Berg der fränkischen Herzen aber ist ein anderer, es ist das Walberla. Sich am südöstlichen Rand der Fränkischen Schweiz bei Kirchehrenbach in den Himmel hebend, wird das Walberla seit Urzeiten schon von den Menschen verehrt. Kelten, Germanen und frühe Christen nutzten den hohen Zeugenberg, der mit seiner markanten Doppelspitze wie ein lauerndes Tier über das Wiesenttal wacht, als Stätte für religiöse Handlungen, als Platz, wo man dem Himmel näher ist. Die Kelten, von steilen Bergen magisch angezogen, errichteten hier eine gewaltige Wallanlage, die Germanen huldigten Wotan hier, dem höchsten ihrer Götter. Die frühen Christen aber weihten den Berg der heiligen Walburga und errichteten ihr eine Kapelle, erst aus Holz, später aus Stein. Immer noch steht sie hier oben, Wind und Wetter trotzend.

Im Jahr 2000 wurde eine Bronzestatue Walburgas vor der Kapelle aufgestellt. Walburga war eine englische Nonne des 8. Jahrhunderts, eine Nichte von Bonifatius, die mit ihren Brüdern Wunibald und Willibald Franken zum Christentum bekehrte und im fränkischen Heidenheim ein mächtiges Doppelkloster leitete. Bei der Einweihung ihres Denkmals auf dem Walberla waren nicht nur Kirchenvertreter dabei, sondern viele erfolgreiche Frauen. Walburga gilt ihnen als frühe Vertreterin selbstbewusster, eigenständiger Frauen in Franken. Sie war nicht nur eine erfolgreiche Organisatorin und Äbtissin, sie nahm auch Einfluss auf die hohe Politik. Ihr zu Ehren wird seit Menschengedenken ein Fest hier oben gefeiert, immer am ersten Wochenende im Mai, wenn die Streuobstwiesen ringsherum auf das Schönste blühen, Kirschen und Äpfel.

Das Walberlafest gilt als das älteste Frühlingsfest Deutschlands, Wallfahrten sind seit dem 9. Jahrhundert bezeugt. Speziell bei den Damen war das Fest beliebt, stellten doch um das Jahr 1800 bis zu 200 Schuster die neuesten Schuhkreationen aus. Wollte man up to date sein, musste man den Berg hinaufsteigen; heutige Internetkäuferinnen werden die Moderne lobpreisen. Auch für die Erlanger Studenten war und ist das Fest ein Muss, der Abstieg in Dunkelheit und Promilledunst eine wahre Mutprobe. Echte Walberlafestgänger findet man schon vor dem eigentlichen Walberlafest auf dem Berg. Am 30. April, in der Walpurgisnacht, schichten sie auf dem Hochplateau Hölzer auf, zünden die Holzstöße an und springen, als Hexen und Zauberer verkleidet, durch die Flammen. Wie heißt es noch im *Faust*?

Du musst verstehn!
Aus Eins mach Zehn,
Und Zwei lass gehn,
Und Drei mach gleich,
So bist du reich.
Verlier die Vier!
Aus Fünf und Sechs,
so sagt die Hex,
Mach Sieben und Acht,
So ist's vollbracht:
Und Neun ist Eins,
Und Zehn ist keins.
Das ist das Hexen-Einmaleins!

Das Wandern ist des Franken Lust …

Wo wandert es sich schöner als in Franken? Nicht nur Victor von Scheffel ging es so, auch andere Dichter erfreuten sich an den lieblichen Gegenden. Goethe war ein ausgesprochener Liebhaber des Fichtelgebirges und lief stets mit seinem Hämmerchen umher, um seltene Gesteine zu sammeln. Und auch die moderneren Dichter sind frankenphil. Im September 1928 unternimmt Kurt Tucholsky mit zwei Freunden eine Wanderung an Main und Tauber. Zahlreiche Postkarten und kurze Briefe schreibt er seiner daheimgebliebenen Frau Mary. Es muss eine sehr lustige Tour gewesen sein: »Wir laufen mächtig, und die Füße tun uns weh, vor Lachen.« Und aus Wertheim: »Wir benehmen uns wie die Tollen, und ich habe Kallchen die Finger aufgeschlagen und wir haben eine Tür ausgehängt und wir sind der Schreck der Gegend.« Mehrfach versichert

Tucholsky seiner offensichtlich besorgten Frau, man würde nur mäßig trinken, lobt aber im gleichen Atemzug den Mainwein und schreibt aus Würzburg: »Gesoffen wird nicht viel, aber sehr schwer und schön.« Vom schönen Franken aber ist Tucholsky, der ewige Spötter, mehr als angetan. Auf eine Karte vom Kloster Bronnbach an der Tauber schreibt er: »So mecht man wohnen ... Hier ist ein Kreuzgang, und ganz still und Herbst und ein Kloster und Blumen. Es ist *sehr* schön.«

Tucholsky lobte nur ungern, deshalb zählt sein Lob doppelt. Kaum eine Landschaft, in der so lebhaft auf Schusters Rappen galoppiert wird wie in Franken. Allein die beispiellose Anzahl von Wandervereinen, die es hier gibt: den Fränkischen Albverein, den Fränkische-Schweiz-Verein, den Steigerwaldklub, den Haßbergverein, den Spessartbund, den Fichtelgebirgsverein, den Frankenwaldverein, den Rennsteigverein, den Verband Vogtländische Gebirgs- und Wandervereine ... Als wären die Franken ein Volk von Ameisen, unermüdlich und bei jedem Wetter unterwegs, über Stock und Stein emsig ihren Pfaden folgend.

Wodurch ist das fränkische Ameisen-Gen begründet? Natürlich durch die einmalig schönen Landschaften, möchte man meinen. Aber auch anderswo gibt es hübsche Gegenden, es muss also noch zusätzliche Gründe geben. Um uns dem Phänomen zu nähern, versetzen wir uns einfach in eine andere deutsche Landschaft, in die Norddeutsche Tiefebene zum Beispiel. Jeder, der bereits einmal von Münster nach Cloppenburg gewandert ist, weiß, auch diese Landschaft hat ihren Reiz. Allerdings gibt es dort oben etwas sehr viel Horizont. Nach zwei Stunden Wiesen und Kühen und Kühen und Wiesen beginnt man sich nach etwas Abwechslung zu sehnen. Das andere Extrem ist der tiefe Süden. So schön die Alpen auch sind, sie fallen gelegentlich etwas steil aus, was das Wandern mühsam und schweißtreibend macht. Das schöne Frankenland trifft auch hier die goldene Mitte. Flache, langweilige Ebenen findet man hier nicht, aber auch keine übertriebenen Bergriesen. Kein besseres Wanderparadies gibt es als eine solch liebliche Hügellandschaft. Stets erwarten einen überraschende, neue Ausblicke – und natürlich allüberall die wohlverdiente Einkehr. Denn wie sagte schon Schiller? »Wanderer, kommst du nach Franken, verkündige dort, du habest uns hier trinken gesehen, wie der Durst es befahl.«

All die liebevoll gepflegten Wanderwege vorzustellen würde eine eigene Buchreihe notwendig machen. Wir wollen uns auf drei Vorschläge beschränken, einen für Grenzgänger, einen für den Wanderer, der den Weg zu sich selbst sucht, und einen für echte Wanderprofis.

Grenzgänger wählen den Rennsteig. Über 170 Kilometer bildet er die nördliche Grenze des Frankenlandes zum thüringischen Sprachraum, im Mittelalter stießen hier das Herzogtum Franken und die Landgrafschaft Thüringen zusammen. Der älteste Weitwanderweg Deutschlands wird so oft begangen, dass man eine Einbahnregelung eingeführt hat: in geraden Jahren wandert man von Blankenstein (Saale) nach Hörschel (Werra), in ungeraden Jahren von Hörschel nach Blankenstein. Fränkische Nonkonfirmisten wählen natürlich genau die umgekehrte Richtung, dürfen sich dann aber nicht wundern, wenn sie aus dem Grüßen nicht herauskommen. Der echte Renner nämlich, so heißt der Rennsteigwanderer, grüßt seit 1899 mit einem herzlichen »Gut Runst«, worunter die Rennsteigwanderung zu verstehen ist. Lange war die Rennsteigwanderung nur unter Todesgefahr möglich, kreuzte der Weg doch sechsmal die deutsch-deutsche Grenze. Für die Runst sollten Sie Zeit haben, es ist ein 6-Tage-Rennen, immer den Bergkamm entlang. Verlaufen kann man sich kaum, man muss nur dem »Mareile« folgen, dem weißen »R«. Mareile heißt die Wegmarkierung nach einer hübschen Oberfränkin, der Tochter eines Försters aus Steinbach, in dessen Forsthaus die Väter des Rennsteigvereins gerne einkehrten. Solche verliebten Romantiker sind auch heute noch auf der Runst unterwegs.

Der Wanderer, der den Weg zu sich selbst sucht, sollte den Fränkischen Jakobsweg einschlagen. Nicht nur durch den Norden Spaniens führt »el Camino«, ja, ganz Europa ist von Jakobswegen durchzogen, der Fränkische Jakobsweg ist die erste Teilstrecke, die in Deutschland wieder reaktiviert worden ist. Pfarrer Paul Geißendörfer aus Heilsbronn beschrieb die in Vergessenheit geratene alte Route, Wandervereine klebten die weiße Jakobsmuschel auf blauem Grund an die Bäume und erstellten zwei Wanderführer, am Wege liegende Pfarrgemeinden stellten preiswerte Unterkünfte zur Verfügung. Seit 1995 quert der Fränkische Jakobsweg von Prag kommend bei Tillyschanz die tschechisch-deutsche Grenze und führt von dort durch die Oberpfalz, durch Teunz und Schwandorf nach Hohenburg und weiter über Sindlbach und Feucht nach Nürnberg. Von dort geht es weiter Richtung Westen über Weihenzell nach Rothenburg ob der Tauber. Der Fränkische Jakobsweg führt meist durch einsame Gegenden, was den Pilger erfreut, findet er doch in der Einsamkeit besser zu sich selbst. Die Motive, den Jakobsweg zu gehen, können sehr unterschiedlich sein. Der eine hat ein Gelöbnis getan, ein anderer sucht Ruhe vor der hektischen Zeit, ein dritter will etwas für die Gesundheit tun, ein vierter ist auf der Suche nach der verloren gegangenen Spiritualität. Diese kann er auch in den Kirchen auf der Wegstrecke finden, viele Jakobskirchen sind darunter, die schönsten sicherlich in Nürnberg und Rothenburg. Wanderern, die genau wissen wollen, wo der Jakobsweg denn nun eigentlich beginnt, antwortet der Spanier: »El camino comienza en casa«, »Der Weg beginnt zu Hause« – und das heißt, in Ihrem Herzen. (Weitere schöne Varianten führen von Lichtenfels über Bamberg nach Nürnberg oder von Fulda über Würzburg nach Ulm, Auskünfte bei der Fränkischen St.-Jakobus-Gesellschaft Würzburg.)

Der Wanderweg für echte Wanderprofis ist der Frankenweg. Satte 520 Kilometer Franken! Mit kleinen altbayerischen Einsprengseln. Der Frankenweg beginnt in Untereichenstein im Frankenwald und führt nach Bubenheim im Fränkischen Seenland, durchmisst das schöne Frankenland also in nord-südlicher Richtung. Unmöglich, alle Höhepunkte der Tour aufzuzählen. Ein paar Appetithäppchen müssen reichen. Sie werden auf Ihrem Weg durch das Höllental kommen, den Döbraberg mit 794 Metern hinaufkraxeln, so schöne Städte wie Kronach und Kulmbach bewundern, in den eindrucksvollen Sakralbauten von Klosterlangheim und Vierzehnheiligen staunend innehalten, vom Staffelberg und der Giechburg in den Abgrund spucken, die Felsen und Ruinen der Fränkischen Schweiz erklimmen, Hersbruck und die gewaltige Festung Rothenberg besichtigen, von Altdorf über Neumarkt bis Berching Ihr Bayrisch aufpolieren und dann ins Fränkische Seenland einschwenken.

Unbedingt sollten Sie eine Taschenlampe mitnehmen, denn mitten im Herzen der Fränkischen Schweiz wird Sie der Weg bei Muggendorf durch eine Höhle führen, die Oswaldhöhle, eine echte Rarität. Denn welche Höhle kann man schon durchwandern? Sollten Sie im Winter unterwegs sein, können Sie die schönsten Eiszapfen bewundern, dick wie Stalagmiten. Oder waren es Stalagtiten? Auch werden Sie auf Ihrem Weg Zeuge von den drei Versuchen, Main und Donau und damit das Schwarze Meer mit der Nordsee zu verbinden: die Fossa carolina, ein Graben, den Karl der Große anlegen ließ, der beschauliche Kanal Ludwigs des Ersten und der moderne Europakanal, den Franz Josef der Große vollenden ließ. Wie viel Zeit man für den Frankenweg einplanen sollte? Nun, wenn Sie ein Genusswanderer sind und sich auf 25 Tageskilometer beschränken wollen, werden Sie Ihre geschundenen Füße erst nach 21 Wandertagen hochlegen können. Drei Wochen, die Sie jedoch niemals vergessen werden.

Wer nach diesen Vorschlägen Meer und Dünen herbeisehnt, ebenfalls kein Problem, das Franken nicht lösen könnte! Der Fränkische Dünenweg führt in fünf Etappen von Altdorf über Weißenbrunn, Röthenbach, Brunn und Feucht bis zurück nach Altdorf. Schneidend kalte Winde haben in Franken während der letzten beiden Eiszeiten mächtige Dünen aufgetürmt, in denen sich typische Dünenbewohner heimisch fühlen. Und wer sich das leere Gehäuse einer Dünenschnecke ans Ohr hält, der wird auch das Meer rauschen hören. Sehr entspannend!

Elf Geheimtipps für Tagesausflüge

Mit dem Bus zu Frankens höchstgelegener Haltestelle fahren und auf über 900 Metern Höhe ein Klosterbier auf dem Kreuzberg trinken. (Regelmäßig von Bischofsheim, Linie 8305 oder mit dem Hochrhönbus, Linie 8260)

An einem sonnigen Nachmittag den Quittenlehrpfad bei Volkach hinaufsteigen und auf der Vogelsburg bei einem Schoppen über Escherndorf und Nordheim blicken (Startpunkt: Quittenladen Wolfahrt, Am Kloster 24, Volkach-Astheim)

In Coburg-Neuses im Rückerthaus das Schwalbennest im Arbeitszimmer des Dichters und Sprachgelehrten Friedrich Rückert bewundern und sich dessen Geschichte erzählen lassen. (Friedrich-Rückert-Str. 13. Anmeldung unter 09561/66308)

An einem heißen Tag in Fürth in die Rednitz steigen und beim Sich-Treibenlassen das wunderbar grüne Stadtpanorama bewundern. (Einstieg an der Uferpromenade, etwa auf der Höhe der Siebenbogenbrücke)

Am Walpurgistag (30. April) als Hexe oder Zauberer maskiert auf das Walberla steigen und über das Feuer springen (Aufstieg z. B. vom Wanderparkplatz in Kirchehrenbach)

Mit Kindern den Planetenweg zwischen Georgensgmünd und Spalt abradeln, bequem auf der alten Bahnstrecke der Bockl-Bahn. Anschaulicher kann man unser Sonnensystem nicht erleben. (Gut mit dem Zug erreichbar, Bhf. Georgensgmünd)

In Nürnberg den Bürgermeistergarten hinter der Burg finden und sich von dem blumigen Ort bezaubern lassen. (Beginn/Start am Neutor)

In Aschaffenburg das Pompejanum besuchen und den Blick vom Park über das Maintal genießen.

An einem kalten Wintertag die Rundloipe um den Ochsenkopf laufen. Ob man die obere oder die untere Loipe wählt oder ob man gar bis zum Gipfel schlappt, es ist immer ein Erlebnis. (Parkmöglichkeiten z. B. auf dem Loipenparkplatz Bischofsgrün)

Am Grab von Walther von der Vogelweide verweilen, eine Blume niederlegen und dazu sein schönes Gedicht *Die verschwiegene Nachtigall* lesen oder besser noch vortragen, im Idealfall auf Mittelhochdeutsch. (Würzburg, Kreuzgang der Neumünsterkirche)

An einem Ostertag das stille Tal der Lillach hinaufwandern, entlang der malerischen Sinterterrassen, und bei der österlich geschmückten Quelle Einkehr halten. (Parkmöglichkeit Wanderparkplätze Weißenohe)

Die Bäume aus dem Frankenwald

In Franken finden sich viele schöne Wälder. Wer könnte sich nicht am schönen Spessart begeistern, an den Buchenriesen im Steigerwald oder an den Reichswäldern rund um Nürnberg? Der vielleicht eindrucksvollste fränkische Wald aber ist der Frankenwald. Hier schießen die Bäume wie Pilze aus dem Boden, erreichen kraftvoll höchste Höhen und bilden ein grünes Laubdach von erhabener Schönheit. Schon früh hat der Frankenwald seine Bewunderer gefunden. Nicht alle aber kamen wegen seiner ästhetischen Qualitäten. Manch einer kniff musternd die Augen zusammen, maß und schätzte und gelangte dann zu der Erkenntnis, dass dieser Wald durchaus auch sehr handfeste innere Werte besitzt. Die wunderbar langen und kerzengerade gewachsenen Fichtenstämme gefielen auch den holländischen Spionen. Solche Bäume konnten sie gebrauchen!

Es war am Ende des 19. Jahrhunderts. Im schönen Amsterdam, der reichen und stolzen Stadt am Meer, sollte ein neuer Bahnhof gebaut werden. Weil aber kein Platz für ein solches Projekt in der eng bebauten Grachtenstadt war, hatten die Amsterdamer beschlossen, ihren Bahnhof vor der Altstadt auf eine sumpfige Insel ins Meer zu setzen. Für das Fundament mussten kräftige Stämme her, gerade solche wie hier im Frankenwald! Darauf fing das große Sägen an. Über 8.000 der prächtigsten Bäume wurden gefällt und über den Main und den Rhein in die Niederlande geflößt. In Amsterdam angekommen, spitzte man die fränkischen Stämme zu und rammte sie dicht an dicht in den morastigen Grund. Darauf konnte man getrost die Schienen verlegen und das stattliche Bahnhofsgebäude errichten. Bis heute geben die Bäume aus dem Frankenwald keinen Millimeter nach. Sollten Sie mit dem Zug ins schöne Amsterdam reisen und an der Centraal Station aussteigen, denken Sie doch einen Moment an die Baumriesen, die tief unter Ihnen ihren stummen Dienst verrichten. Ohne die fränkischen Baumstämme wäre der Amsterdamer Hauptbahnhof heute eine U-Bahn-Station.

Mit allen Wassern gewaschen

Zwar ist Franken ein Land, in dem es recht wenig regnet. Dennoch ist Franken, auch was das Wasser angeht, eine einzigartige Region. Tief unter der Erde befinden sich höchst unterschiedliche Gesteinsschichten, welche die verschiedensten heilbringenden Mineralien an das Wasser abgeben. So gibt es in Franken zahlreiche Heilquellen, die schon früh genutzt wurden. Die vielleicht bekanntesten Quellen sprudeln in Kissingen, wodurch das Städtchen an der Fränkischen Saale zu einem der bedeutendsten Kurorte der Welt heranwuchs. Im 19. Jahrhundert war es beliebter Treffpunkt der Schönen und Reichen, wurde zwischen den Anwendungen Politik gemacht und die Welt regiert. Kaiserin Sissi, der Kini, Zar Alexander und Fürst Bismarck kurten hier, aber auch Künstler und Dichter wie Adolph von Menzel und Theodor Fontane. Beschaulicher ging es in den Nachbarorten Bad Brückenau und Bad Bocklet zu. Auch dort sprudelten die Stahlquellen, so nannte man die eisenhaltigen Quellwasser. Die Existenz des Kini ist den fränkischen Mutterlaugenbädern zu verdanken, die seine Mutter, Marie von Bayern, in Bad Bocklet genoss: Kurz darauf wurde sie schwanger.

Das vielleicht malerischste fränkische Bad befindet sich in der Nähe der Altmühlquelle bei Burgbernheim im Naturpark Frankenhöhe. Schon zu Zeiten Kaiser Lothars kannte und schätzte man die Heilkraft der Quellen von Wildbad, bereits im Jahr 1487 errichtete man ein erstes Badehaus, später ein anmutiges Ensemble aus verträumten Fachwerkhäusern, wo man heute noch abseits jeder Zivilisation hübsch urlauben kann.

Auch im Fichtelgebirge sprudelt das Heilwasser munter aus dem Boden: Bad Alexandersbad, Bad Berneck, Bad Steben ... Extrem salzig kuren kann man in Bad Windsheim, unterirdische Meeresablagerungen versalzen das Wasser auf eine solche Weise, dass man glaubt, im Toten Meer zu schwimmen. Wer möchte, kann auf den Wellen liegend problemlos seine fränkische Tageszeitung lesen. Heiß und salzig geht's auch in Bad Staffelstein zu, wo man ebenfalls von der mediterranen Vergangenheit Frankens profitiert, von den Meeren der Jurazeit, die weite Teile des Landes einst bedeckten.

Besondere Heilkraft wird einer Quelle südwestlich von Nürnberg nachgesagt. Über dieser Quelle baute man eine Kirche, die zur Grablege der frühen Hohenzollern wurde, das sehenswerte Münster des Zisterzienserklosters Heilsbronn. Auch an anderen Orten verehrte man die Quellen als heilige Orte. Am Zusammenfluss von Schwarzach und Gauchsbach im Lorenzer Reichswald liegt die Ortschaft Röthenbach, wo die Wolfgangsquelle entspringt. Eine uralte, auf die Zeit Karls des Großen zurückgehende, in einen Felsen geschlagene Kapelle fasst das Quellheiligtum, das man dem heiligen Wolfgang widmete. Der durstige Wolfgang hatte wie weiland Moses mit dem Stock gegen einen Stein geschlagen, worauf das Wasser sprudelte. Wegen dieses Wunders wurden Wolfgang zahlreiche Quellen gewidmet, auch in Franken kam es zu einem regelrechten Wolfgangskult mit eigenen Pilgerwegen.

Viele sagenhafte Geschichten ranken sich um fränkische Quellen. In Castell im Steigerwald ergießt sich aus dem Gipsgestein das klarste Wasser in das Gründlesloch. Einmal fand im Schloss ein Fest statt. Von der Musik der Menschen angelockt, so der Volksmund, liefen drei schöne Quellnymphen hinzu und tanzten zur Freude der Festgemeinde mit. Sie vergaßen aber die Zeit, und als der Hahn krähte, war es um sie geschehen: Zwar stürzten sie sich noch zurück ins Gründlesloch, das Wasser aber färbte sich zum Schrecken der Tänzer blutrot.

Die vielleicht schönste fränkische Quelle entspringt beim alten Kloster Weißenohe am südlichen Rand der Fränkischen Schweiz dem karstigen Boden. Mächtig bricht die Lillachquelle unter einem Felsen hervor. Über Zigtausende von Jahren hat sich der Bach seine Kalkstufen selbst gebaut, Sinterterrassen, über die die Lillach munter zu Tale plätschert. Feuersalamander und seltene Pflanzen und Vögel fühlen sich in dem stillen, grünen Tal zu Hause – ein magischer Ort, der die Menschen so verzaubert, dass sie die Quelle jedes Jahr zu Ostern wie ihre Brunnen schmücken.

Zu kleinen Verrücktheiten aufgelegt sind die Wasser der Pegnitz. Bei der Stadt Pegnitz trennen sie sich in zwei Arme und bringen das Kunststück fertig, sich selbst zu überqueren und damit eine Acht zu bilden. Kurze Zeit umspült der eine Arm einen steilen Hügel, während der andere Arm mitten in den Berg hineinfließt, um auf der anderen Seite wieder aufzutauchen. Verrückt ist in gewissem Sinne auch der Main, über dessen Kreisverkehr wir noch berichten werden. Verrückte Dinge kann man auch in der Nähe der Quelle der Heroldsmühle erleben. Dort, im Westen der Fränkischen Schweiz, befindet sich das Trockental, ein Tal ohne jeden Bach. Nach starken Niederschlägen aber kann es passieren, dass es an zwei Stellen plötzlich gewaltig aus dem Boden schießt, dann arbeiten die Tummler wieder und verwandeln das trockene Tal in einen reißenden Fluss.

Vom Mythos des Fichtelsees berichtet uns Ludwig Bechstein in seinem Sagenbuch: »Auf dem Fichtelberge, dem Haupt und König des Fichtelgebirges, liegt [...] ein berufener unergründlicher See, der Fichtelsee genannt. [...] Vier Flüsse rinnen vom Fichtelberge nach den vier Himmelsrichtungen nieder, Main und Saale, Naab und Eger, deren Namensanfangsbuchstaben das Wort MENS bilden; davon entspringen Main und Naab unmittelbar dem Fichtelsee. Der Main fließt gen Westen, die Naab gen Süden, die Eger gen Osten und die Saale gen Norden.«

Eine weitere hydrotechnische Besonderheit ist die Europäische Hauptwasserscheide, die auf ihrem Weg von Gibraltar nach Moskau mitten durch Franken verläuft. Tipp für Wasserscheue: Entlang der Wasserscheide ist es möglich, von Franken aus bis ans Mittelmeer oder nach Moskau zu gelangen, ohne einen einzigen Fluss zu überqueren. In beiden Richtungen sind dabei allerdings an die 2.500 Kilometer zu laufen. Wem das zu viel ist, der kann sich auf die wunderschöne, gut ausgezeichnete Teilstrecke von Ansbach nach Schnelldorf beschränken, die 100 Kilometer sind in fünf Tagen bequem zu schaffen. Auf den Höhen des Naturparks Frankenhöhe gibt es manches zu bestaunen, den Gumbertusbrunnen mit der Quelle des Onaldsbaches, das lauschige Wildbad mit den Altmühlquellen oder das Bodenlose Loch bei Unteroestheim, aus dessen Quelltrichter pro Sekunde zehn Liter gipshaltiges Wasser sprudeln. Das anschaulichste Objekt, das demonstriert, wie die Wasserscheide funktioniert, findet sich in Lengenfeld. Die Garage von Paul Osti steht exakt auf der europäischen Hauptwasserscheide. Der Giebel des Satteldachs trennt den Regen: das Wasser der einen Regenrinne fließt zur Nordsee, das Wasser der anderen Rinne zum Schwarzen Meer. Wobei wir Ihnen auf Ihrem Weg natürlich nur Sonnenschein wünschen!

Wer Wasser lieber aus Flaschen genießt, auch der kann in Franken auf seine Kosten kommen. Zahlreiche Mineralquellen spenden reichlich Trinkwasser der höchsten Güte: die Residenzquelle in Bad Windsheim, der Frankenbrunnen in Neustadt an der Aisch, die Theresienquelle in Bad Kissingen. Fränkische Mineralwässer, selbst für Säuglinge geeignet.

Der Main

Fragt man, welcher der fränkischste aller Flüsse ist, so gibt es nur eine Antwort: der Main. Was ist das Besondere am Main, was unterscheidet ihn von anderen Flüssen? Hier in aller Kürze seine zehn wichtigsten Eigenschaften:

1. Der Main lässt sich Zeit. Er hat es niemals eilig, geht unangenehmen Dingen aus dem Weg, wählt lieber einen Umweg. Er ist von östlicher Weisheit. Der Weg ist das Ziel, sagt er sich und schlägt gemütlich den nächsten Bogen. So mäandert er durchs Frankenland, bescheiden und ohne viel Aufsehen zu machen, auch darin ein echter Franke. Sein Name ist keltischen Ursprungs und bedeutet schlicht und einfach Wasser.

2. Der Main ist der geometrischste aller Flüsse. Von welch anderem Fluss ist schon ein Dreieck oder gar ein Viereck bekannt? Betrachtet man den Main vom Flugzeug aus, so erinnert sein Lauf an die Zeichnung eines EEGs, einer Hirnstromkurve. Kundige Neurologen können am EEG ablesen, wie es um den Seelenzustand eines Menschen bestellt ist. Sieht man den Main als fränkisches EEG, so beweisen die tiefen Theta- und Deltawellen, wie entspannt es in Franken zugeht.

3. Der Main ist ein Genießer. Welcher Fluss lässt an seinen Ufern schon so gute Tropfen gedeihen? Tief hat sich der Main in Fels und Gestein eingeschnitten, hat steile Täler geschaffen und windgeschützte Lagen, in denen die Trauben nur so funkeln.

4. Der Main ist ein Zauberer. Welcher Fluss schafft es schon, sich selbst in den Schwanz zu beißen? Die Quellen von Rotem Main und Pegnitz, zwei seiner Hauptzuflüsse, entspringen dicht nebeneinander und speisen gemeinsam einen kleinen See, bevor sie sich wieder trennen. Der Rote Main wendet sich nach Norden, die Pegnitz nach Süden. In einem weiten Bogen umfließen sie die Fränkische Schweiz, um sich gute 100 Kilometer später bei Bamberg wieder zu vereinen (die Pegnitz mittlerweile als Regnitz). Gewässer-Bifurkation nennt sich dieses Phänomen. Nicht nur ein Dreieck und ein Viereck bringt der Main zustande, er schafft sogar die perfekteste aller geometrischen Formen, den Kreis. Wenn ein Fischlein will, kann es auf dem Main tatsächlich im Kreise schwimmen, immer um die Fränkische Schweiz herum. Zauberhaft.

5. Der Main ist ein Farbenkünstler. Bekanntlich speist sich der Main aus zwei Quellflüssen, dem Roten Main und dem Weißen Main. Der Rote Main entspringt südlich von Bayreuth in der Frankenalb, der lehmige Grund dort ist rötlich gefärbt und verleiht dem Roten Main seinen Namen. Der zweite Quellfluss entspringt weiter nördlich, im Fichtelgebirge, am Ochsenkopf. Weißes Granitgestein prägt sein Quellgebiet, Weißen Main nennt man ihn darum seit Urzeiten. Rot und Weiß, die Farben des Frankenlandes. Welcher Fluss zeigt schon in seinen Anfängen einen solchen Patriotismus? Hat man je von einer Weißen und Blauen Isar gehört? Höchst Interessantes geschieht dann am Zusammenfluss bei Kulmbach. Wer meint, Rot und Weiß könne sich nur zu einer Farbe mischen, zu einem leuchtenden Rosa, der irrt. In einem herrlichen Blau, das gelegentlich ins Grüne changiert, fließt der Main nun dahin, nach starken Regenfällen kann es passieren, dass er sich in ein sattes Braun kleidet. Steht die Sonne aber tief über den Weinhängen, schlüpft der Main in sein Festtagsgewand. Dann glänzt er in einem schillernden, blendenden Gold, und jeder Wanderer bleibt andächtig stehen. Scheint aber der stille Mond über seinen Tälern, wählt sich der Main ein silber-

nes Nachtgewand aus feinster Seide. Rot, weiß, blau, grün, braun, gold oder silbern, der Main, der Farbenprächtige, das Chamäleon unter den Flüssen.

6. Der Main ist eine sprudelnde Muse. Wen hat der Main nicht alles inspiriert! Nicht nur die fränkischen Dichter, nicht nur Friedrich Rückert oder Jean Paul. Auch manch reisender Poet ließ die Postkutsche anhalten und griff, verzaubert von dem schönen Landschaftsbild, zur Feder. So ging es auch dem Schwaben Friedrich Hölderlin, seine Zeilen sollen stellvertretend für all die anderen schönen Main-Gedichte in Ausschnitten zitiert werden:

... doch nimmer vergess ich dich,
So fern ich wandre, schöner Main! und
Deine Gestade, die vielbeglückten.

Gastfreundlich nahmst du, Stolzer! bei dir mich auf
Und heitertest das Auge dem Fremdlinge,
Und still hingleitende Gesänge
Lehrtest du mich und geräuschlos Leben.

O ruhig mit den Sternen, du Glücklicher!
Wallst du von deinem Morgen zum Abend fort,
Dem Bruder zu, dem Rhein, und dann mit
Ihm in den Ozean freudig nieder.

Hübsch, nicht wahr? »Heitertest das Auge dem Fremdlinge ...«, schöner kann man es nicht sagen.

7. Der Main ist ein west-östliches, ein völker- und kulturenverbindendes Gewässer. Trotz mancher Richtungsänderung fließt der Main in seiner Hauptrichtung exakt von Osten nach Westen, ein äußerst seltenes Phänomen in Mitteleuropa. Hölderlin greift diese Eigenschaft auf: »wallest du von deinem Morgen zum Abend fort.« Morgenland und Abendland, Orient und Okzident. Die Sonne folgt auf ihrer Bahn dem Lauf des Maines. Ob es daran liegt? Seltsam jedenfalls ist, dass sich zwei deut-

sche Dichter, die sich in intensiver Weise mit der Dichtung des Orients beschäftigt haben, beide am Main geboren worden sind: Johann Wolfgang von Goethe und Friedrich Rückert. Goethes *West-östlicher Divan* und Rückerts *Östliche Rosen*, Zeichen inniger Verbundenheit mit den Kulturen des Morgenlandes. Am Main zu sagen: »Zurück zu den Quellen!«, bedeutet, nach Osten zu schauen, in Richtung der aufgehenden Sonne.

8. Der Main ist ein besonderer Geburtshelfer. Goethe und Rückert haben wir schon erwähnt, noch viele andere berühmte Männer und Frauen aber sind an den Gestaden des Mains und seiner zuführenden Flüsse zur Welt gekommen. Eine kleine Auswahl mag das illustrieren: Albrecht Dürer, Henry Kissinger, Ludwig Erhard, Thomas Gottschalk, Emmy Noether, Caritas Pirckheimer, Georg Simon Ohm, Hans Sachs.

9. Der Main ist ein wahrer Tierfreund. Noch bis ins frühe 20. Jahrhundert hinein war der Main einer der fischreichsten Flüsse Mitteleuropas. Die Mainfischer angelten unglaubliche 35 Fischarten aus den Mainfluten. Da kam auf der Speisekarte keine Langeweile auf. Mit der zunehmenden Industrialisierung und der Regulierung durch Staustufen aber mussten die meisten Arten ihre Flossen strecken. Zum Glück hat sich der Mensch des einstigen Reichtums der Natur wieder besonnen. Verbesserte Wasserqualität und die Renaturierung von Stromabschnitten haben manchen Fisch wieder heimisch werden lassen. Alle haben es noch nicht geschafft. Der Stör leider noch nicht. In Zukunft aber soll zumindest der Lachs wieder durch Frankens Fluten springen. Drücken wir ihm die Daumen!

10. Der Main lässt sich nicht festlegen. So wie er sein Farbenkleid ständig wechselt, so wechselt er auch seinen Namen. In seinem oberen Lauf, im schönen Oberfranken, ist er der Maa. Kaum jedoch ist er an Bamberg vorbeigeflossen und hat hinter Zeil die Grenze zu Unterfranken passiert, ist er plötzlich der Mee. Hat er Würzburg Ade gesagt, ist es, als ob sich die Uferbewohner bei seinem Anblick die Nase zuhielten, jetzt ist er wieder der Maa, nur sehr, sehr nasal. Spiegeln sich in seinen Fluten aber die Türme von Wertheim, wird er zärtlich zum Moa. Kein Mainländer entlang seines langen Laufes – er ist der längste Zufluss des

Rheins – aber käme auf die Idee, ihn Main zu nennen. So heißt er nur für die Behörden.

Franken für Wassersportler

Über Franken lacht die Sonne oft und gerne. Das kann man statistisch belegen: Regnen tut's in Franken wesentlich weniger als in Südbayern. Um diese Ungerechtigkeit auszugleichen und den Main-Donau-Kanal nicht austrocknen zu lassen, beschloss der Bayerische Landtag in München, den Franken zumindest einen Teil des südlichen Regenwassers zu überlassen. Man überlistete die Wasserscheide, schuf einen Überleiter und dazu das neue Fränkische Seenland. Seitdem ist auch in Franken Segelsport möglich. Wunderbar gleitet man auf den glitzernden Kräuselwellen des Kleinen und Großen Brombachsees dahin. Oder auf dem Altmühlsee. Oder auf dem Rothsee. Kein ganz billiges Vergnügen allerdings: Um Ihre Jolle ganzjährig zu vertäuen, müssen Sie mindestens 1.300 Euro hinblättern, so viel kostet ein Liegeplatz. Dafür könnten Sie zwei Halbe guten fränkischen Biers bekommen. Täglich. Ein fränkischer Bootsliegeplatz ist damit fast so teuer wie einer am Starnberger See oder am Bodensee. Dafür aber brauchen Sie Ihrem fränkischen Vermieter kein zinsloses Wucherdarlehen von 15.000 bis 25.000 Euro zu gewähren. Ein Franke käme niemals auf eine solche Idee.

Wer lieber zum Paddel als zum Segeltau greift, der ist im Herzen der Fränkischen Schweiz richtig. Auf den glasklaren Fluten von Wiesent oder Pegnitz geht es wildromantisch zu, weniger wild als romantisch allerdings, sodass auch wasserscheue Wesen keine Angst zu haben brauchen, die herrlichen, naturbelassenen Wasser hinabzugleiten. Nur gelegentlich bremst ein Wehr den Lauf. Dann heißt es aussteigen und das Boot auf den Rücken nehmen. Die Kanus kann man mieten, der Rücktransport wird organisiert.

Wer es noch wilder mag, der muss hinauf in den Frankenwald. Hier wird sie noch gepflegt, die alte Kunst des Flößens. Regelmäßig staut man an den Sommersamstagen in Wallenfels bei Kronach die Wilde Rodach auf, was sie noch wilder macht. Und wenn die Schleuse dann geöffnet wird, reißt der Fluss die Flöße mit einer solchen Wut mit sich, dass die Steuermänner ihre liebe Not haben, die Baumstammgebinde vor dem Kentern zu bewahren. Ein Vergnügen mit Durchfeuchtungsgarantie!

Sanfter ist die Floßfahrt bei Lichtenfels den Main hinunter. Hier sitzen Sie bei fränkischem Bier und Wein komfortabel unter einem Sonnensegel und genießen den Blick auf den Gottesgarten, auf die Kirchen Vierzehnheiligen und Banz, die wie steinerne Weinbergschnecken ihre Fühler in den fränkischen Himmel recken. Zischt ein ICE von Berlin nach München vorbei, winken Sie den Reisenden nur nach. Wie gerne würde mancher mit Ihnen tauschen!

Wer war der größte Franke?

Natürlich hat so eine Frage ihre Tücken, natürlich heißt es, Äpfel mit Birnen zu vergleichen, wenn man sich die Frage nach dem größten Franken stellt. Auffallend ist allerdings, dass bei allen Umfragen das Ergebnis recht eindeutig ausfällt. So auch beim Franken-Voting der *Nordbayerischen Zeitung*, bei dem von 100 prominenten Franken mit weitem Abstand Albrecht Dürer zum Sieger gekrönt wurde. Die Popularität Albrecht Dürers (1471–1528) ist über die Jahrhunderte ungebrochen, erstaunlich, wenn man bedenkt, wie sehr die Kunst doch Moden unterworfen ist. Albrecht Dürers Kunst, wiewohl von seiner Zeit geprägt, scheint dennoch zeitlos zu sein. So sieht man etwa in der Albertina vor seinem Hasen ein Punkerpärchen genauso aufmerksam stehen wie ein neugieriges Kindergartenkind oder dessen bildungshungrige Großeltern. Viele halten Albrecht Dürer für einen Franken durch und durch, ist er doch in Nürnberg geboren und verstorben. Dennoch hat er einen Migrationshintergrund: Sein Vater, ein Goldschmied, stammt aus Ungarn. Auch hieß Albrecht Dürer eigentlich nicht Dürer, sondern Thürer. Da im Fränkischen schon damals kein T existierte, wich man ersatzweise auf das D aus.

Albrecht Dürer war ein durchaus selbstbewusster Künstler, was man an vielen seiner Selbstporträts erkennen kann. Als einer der Ersten schuf er eine Art Copyright, ein Markenzeichen, ein großes A, in das er sein D stellte. Zu leicht konnte man kopiert werden, und Albrecht Dürer lebte schließlich von seiner Arbeit. War Wochenmarkt in Nürnberg, so baute seine Frau ihren Stand mit seinen Werken neben dem Kartoffel- und dem Obststand auf und verkaufte seine Drucke. Heute wäre eine solche Szene unvorstellbar. Niemals hat man Frau Beuys auf dem Düsseldorfer Markt Fett und Filz verkaufen sehen – oder Damien Hirst seine diamantenbesetzten Totenschädel auf dem Portobello Market. Die Verkaufsstrategie Dürers hat der Nürnberger Kunstprofessor Hörl wieder aufleben lassen, indem er seine Legion grüner Plastikhasen, das große Hasenstück, zum Ende der Aktion auf dem Nürnberger Hauptmarkt von der Palette weg verkaufte.

Dürer liebte seine Heimatstadt und schuf viele Werke exklusiv für Nürnberg. Auch malte er den großen Rathaussaal aus, wild toben heute die Diskussionen, ob man das Gemälde rekonstruieren soll. Warum eigentlich nicht? Die Dresdner Frauenkirche hat man schließlich auch wiederhergestellt, den »Adler« hat man wieder zum Schnaufen gebracht, und auch das Berliner Stadtschloss ist wiederauferstanden aus den Ruinen. Oder besser aus dem Nichts.

Dürer war nicht nur perfekt in seinen Techniken, egal ob mit dem Messer, dem Pinsel, dem Zeichenstift oder der Nadel. Er war auch ein großer Experimentierer, ein Neuerer, einer der Ersten, der Landschaften realistisch abbildete. Sehr lebendige Aquarelle von Nürnberg und seiner Umgebung zeugen noch heute davon. Und Dürer war ein überaus kluger Kopf, ein Meister der Perspektive, Konstruktion und Geometrie. Hätte Dürer nicht gemalt, würde man ihn heute als großen Mathematiker verehren. Ganz sicher. In seinem Lehrbuch *Unterweysung der messung mit dem zirckel und richtscheyt in linien, ebnen und gantzen corporen* hat er seine bedeutenden neuen Erkenntnisse zusammengefasst. Dürer ging dabei oft von praktischen Problemen aus. So beschäftigte ihn die Frage, wie man Wandschriften zu gestalten hat, damit der Betrachter von unten den Eindruck hat, die oberen Zeilen seien exakt so groß wie die unteren, die sich auf Augenhöhe befinden. Auf diese Weise entwickelte Dürer eine grafische Darstellung der Tangensfunktionen. Viel hat

Dürer ergründet, Bleibendes geschaffen. Auf eine Frage aber, vielleicht die entscheidendste Frage der Kunst überhaupt, hat er sein ganzes Leben lang keine Antwort gefunden. Verwundert stellte er fest: »Was aber die Schönheit sei, das weiß ich nit.«

Tilman Riemenschneider

Die Hände habe man ihm gebrochen. So heißt es. Aber selbst, wenn die Folterknechte ihn nur mit ihren glühenden Zangen gezwickt, wenn sie ihm nur mit der Streckbank gedroht haben, sicher ist, dass man ihn auf bestialische Weise gefoltert hat. Weil er auf der falschen Seite stand. Nicht auf der Seite des Fürstbischofs, des Herrschers. Sondern auf der Seite der Aufständischen, der Unterdrückten. Weil er ihnen die Tore der Stadt öffnen ließ, weil er ihre Forderungen unterstützte.

Bauer zu sein in Deutschland, Bauer zu sein in Franken. Ein hartes Los im 16. Jahrhundert. Immer weiter verschärfte sich die Situation, immer mehr wurde den Bauern abverlangt. An Abgaben, an Frondiensten. Alte Privilegien hingegen wurden ihnen gestrichen. Wie selbstverständlich hatten sie seit Generationen ihr Vieh auf den Allmenden weiden dürfen, nun wurde ihnen plötzlich der Zutritt verwehrt. Viele Waldgebiete durften sie nicht mehr nutzen, kein Brennholz mehr sammeln, nicht mehr jagen, nicht die Früchte des Waldes sammeln. Dabei waren sie es, die das Land ernährten. Den Adel und den Klerus. Immer mehr wurden es, die auf Kosten der Bauern leben wollten, die ihre Knechte losschickten, den Zehnten einzutreiben. Und Steuern und Sonderabgaben. Die Bauernhöfe aber wurden immer kleiner, speziell in Franken, wo man den Besitz gerecht unter allen Söhnen teilte. Wie sollte man da überleben können? Also tat man sich zusammen, zu Bauernhaufen, forderte seine Rechte. Die Herrschaft, die ihr bequemes Leben gefährdet sah, antwortete mit aller Härte, schickte ihre Soldaten aus. Mit Rechen und Dreschflegeln bewaffnet traten ihnen die Bauern entgegen, ein ungleicher Kampf. Aber die Bauern waren viele, das war ihre Stärke. Und ihre Solidarität. So zog das Bauernheer auf Würzburg zu, den Sitz des Kurfürsten. Viele Bürger der Stadt aber sympathisierten mit den Bauern. Würden sie ihnen die Tore öffnen?

Ratsherr. Ratsherr in Würzburg zu sein. Eine bedeutende, eine ehrenvolle Position. Um es zum Ratsherrn zu bringen, musste man viel geleistet, musste man sich ausgezeichnet haben. Tilman Riemenschneider hatte sich ausgezeichnet. Welcher Künstler konnte sich mit ihm vergleichen? Wem gelang es eindrucksvoller, lebensechte Menschen aus Holz zu schnitzen? Oder aus dem Stein zu hauen? Die Gesichter seiner Figuren, wie viel Schmerz, wie viel Leid drücken sie aus! Wie viel Ernst liegt in ihren Augen, Freude auch und Zukunftsahnung, hoffendes Erwarten, wissende Skepsis, traurige Gewissheit. Je nachdem. Keine Emotion, keine menschliche Regung, die Riemenschneider nicht aus dem Lindenholz schnitzen konnte. Sein Können hatte sich früh herumgesprochen, zahlreiche Aufträge füllten seine Bücher. Altäre, Kirchenfiguren vor allem. Die Kirche war sein Hauptauftraggeber. Und nun näherten sich die Bauern der Stadt, forderten die Bürger auf, sich mit ihnen zu solidarisieren. Gegen den Fürstbischof, der in der mächtigen Festung über der Stadt residierte, der Marienburg. Wie sollte man sich da verhalten?

Tilman Riemenschneider, der vier Jahre Bürgermeister von Würzburg gewesen war, entschied sich mit anderen Ratsherren für die Bauern. Sie unterstützten sie dabei, die Marienfeste zu belagern. Doch der Fürstbischof gab nicht klein bei. Er drohte stattdessen, die Stadt zu zerstören, die eigene Stadt, das schöne Würzburg. Gut geschützt thronte die Marienburg über der Stadt, eine mächtige Feste, schwer einzunehmen.

Juni 1525. Der Tag der Entscheidung. Tausende von Bauern gegen das gut gerüstete Heer des Bischofs. Eine Chance hatten die Bauern nur, wenn ein kriegserfahrener Mann sie anführte. Doch am Tag vor der Schlacht hatte sie ihr militärischer Führer verlassen, Götz von Berlichingen, der Ritter mit der eisernen Hand. Führerlos standen die Bauern auf verlorenem Posten. Das Heer des Bischofs schlug grausam zu, 8.000 Bauern starben in der Schlacht. Innerhalb von nur zwei Stunden.

Der Bischof beließ es nicht bei diesem militärischen Triumph. Er übte Rache, grausame Rache an allen Würzburgern, die die Bauern unterstützt hatten. Alle Ratsherren wurden in die Verliese der Marienburg geworfen, auch Tilman Riemenschneider. Zwei Monate dauerte sein Martyrium. Als er wieder in die Stadt hinunter durfte, war er ein gebrochener Mann. Sein erworbenes Vermögen, zahlreiche Häuser, Weinberge, seine große Werkstatt wurden vom Bischof konfisziert. Ob er noch gearbeitet hat, ob er wieder zum Schnitzmesser, zum Meißel gegriffen hat? Hierfür gibt es keine Hinweise. Kein Kunstwerk Riemenschneiders ist bekannt, das nach dem Bauernkrieg entstanden wäre. Sechs Jahre später, am 7. Juli 1531, starb Tilman Riemenschneider in Würzburg in seinem Wohnhaus in der Franziskanergasse 1.

Um die Werke Tilman Riemenschneiders zu besuchen, muss man nicht weit reisen. Viele finden sich noch an den Orten, für die sie geschaffen wurden, in fränkischen Kirchen in und um Würzburg. Darunter ist der bekannte Heilig-Blut-Altar in der Rothenburger Jakobskirche, die Darstellung des Letzten Abendmahles, in dessen Zentrum Riemenschneider völlig unüblich den Judas gestellt hat. Darunter ist das Kaisergrab von Heinrich und Kunigunde im Bamberger Dom mit schönen Darstellungen ihrer Lebenslegenden. Darunter ist der beeindruckende Marienaltar von Creglingen. Die größte Sammlung von Riemenschneiders Werken aber findet sich im Mainfränkischen Museum hoch auf der Festung Marienberg, oberhalb der dunklen Verliese, in die man den mutigen Künstler einst eingesperrt und gefoltert hat.

Riemenschneider gelang etwas für seine Zeit Einzigartiges. Bevor er sich an die Arbeit machte, betrachtete er jeden Holzblock, Lindenholz vor allem, mit äußerster Sorgfalt und Aufmerksamkeit. Er sah dem Holze an, was für ein Bild, was für eine Figur es in sich trug. Nicht er war es, der dem Holz das Kunstwerk abzwang, das Holz war es, das ihm die Vorlage lieferte. So wurden seine Figuren stimmig, prägten Farbe, Struktur und Maserung des Holzes den Charakter seiner Statuen. Riemenschneider war einer der ersten, der viele seiner Figuren nicht anmalen ließ, nicht anmalen lassen musste, weil das Holz selbst schöner als jede Farbe leuchtete.

Die Hände, ob man sie ihm tatsächlich gebrochen hat? Gerade den Händen und ihrer Darstellung hat Tilman Riemenschneider stets die größte Sorgfalt geschenkt. Auch der Faltenwurf seiner Gewänder, die Gestaltung der Gesichter und die Feinheit der fallenden Locken sind unvergleichlich, viele Kunstkenner aber meinen, Riemenschneiders Hände seien seine größte Leistung gewesen. Die Zartheit der Finger, die Herausarbeitung der Gelenke, ja, jeder Ader, jeder Hautfalte hatte er seine ganze Liebe geschenkt. Tilman Riemenschneider, ein großer Künstler, ein mutiger Mann.

Anselm von Feuerbach

Feuerbach? Feuerkopf! Hitzköpfe waren sie alle, die Feuerbachs. Bei Anselm von Feuerbach paarte sich sein Temperament mit einem scharfen analytischen Verstand. Und einem ausgeprägten Gerechtigkeitssinn. Eigentlich hatte er sich ausschließlich der geliebten Philosophie widmen wollen. Die Philosophie aber ernährt ihre Lieblinge nur schlecht, und so schlug Anselm von Feuerbach (nicht zu verwechseln mit seinem Enkel, dem Maler gleichen Namens) eine juristische Laufbahn ein. Zum Segen der Menschen.

1775 als uneheliches Kind in Jena geboren, kam Anselm von Feuerbach in einer spannenden Zeit nach Bayern, der Zeit des frisch gegründeten Königreichs. Ein neues Königreich braucht neue Gesetze, kein Zweiter hat daran so große Verdienste wie Feuerbach. Das von ihm entworfene *Strafgesetzbuch für das Königreich Bayern* war eine revolutionäre Neuerung und wurde zu einem ausgesprochenen Exportartikel. Selbst die Schweden haben es übernommen. Feuerbach hatte sich die Humanisierung der Strafpraxis zum Ziel gesetzt. Er war ein glühender Anhänger der Aufklärung und schaffte in Bayern auch förmlich die Folter ab. Gegen die Bedenken des Königs. Feuerbach forderte weiter: Gesetze müssen allgemein bekannt sein. Tatbestände müssen klar formuliert werden. Der Rahmen, in dem sich die Strafen für eine bestimmte Tat bewegen, muss vorher feststehen. Selbstverständlichkeiten, möchte man heute meinen. Damals aber waren diese Forderungen neu und für viele unerhört. Feuerbach beschäftigte sich als einer der Ersten auch mit der

Psyche des Täters. Durch viele Kasuistiken versuchte er herauszufinden, was einen Verbrecher zum Verbrecher macht, welchen Anteil negative Lebenserfahrungen und andere äußere Einflüsse spielen. Seine vielleicht bekannteste Schrift ist ein Werk über seinen Schützling Kaspar Hauser: *Beispiel eines Verbrechens am Seelenleben eines Menschen.*

Anselm von Feuerbach wirkte nach Zwischenstationen in Kiel, Landshut und München ab 1814 als zweiter Präsident des Appellationsgerichts in Bamberg und ab 1817 als erster Präsident des Appellationsgerichts in Ansbach für den Rezatkreis, das heutige Mittelfranken. Der Wahlfranke hat wesentlich dazu beigetragen, die Rechtswissenschaft zu modernisieren, zu humanisieren und die Fürstenwillkür zu minimieren. Anselm von Feuerbach, ein Kämpfer für ein menschliches Rechtssystem.

Zehn bedeutende fränkische Kunstwerke

Ein besonders schwieriges Kapitel. Schwierig, weil die Auswahl in einem solch kunstsinnigen Land wie Franken außerordentlich schwerfällt. Das ist, als wenn man an einem klaren Winterabend in den Himmel schaut und die zehn schönsten Sterne benennen soll. Oder auf einer Wanderung durch Franken die zehn besten fränkischen Biere. Ein Ding der Unmöglichkeit. Dennoch soll eine Auswahl getroffen werden, allein schon, um die Vielfalt der fränkischen Künstler und die Bandbreite ihrer Werke zu illustrieren. Hier die subjektive Auswahl in chronologischer Reihenfolge:

1. Der Goldhut von Ezelsdorf-Buch

Am Fuße des Brentenberges im Frankenjura östlich von Nürnberg, zwischen den Orten Ezelsdorf und Buch, stieß im Frühjahr 1953 ein Arbeiter beim Graben auf ein »hinderliches Blech«, das er zerhackte und auf einen Haufen warf. Der Frau des Arbeiters aber gefiel der Glanz der Blechteile. Sie nahm sie mit und ging damit zu ihrem Zahnarzt. Eine kleine Schmelzprobe ergab: Das war Gold, reines Gold! Das Germanische Nationalmuseum Nürnberg kaufte den Fund und rekonstruierte das Kunstwerk. Was dabei entstand, war ein wunderbarer Goldkegel.

Fast einen Meter ist er hoch, seine Ornamente und Gravuren deuten darauf hin, dass er einst als Kalender gedient haben könnte. Sowohl der Stand der Sonne als auch der des Mondes ist auf ihm abzulesen, Zeichen der hohen Kunstfertigkeit der frühen Menschen in Franken und zugleich ihrer hohen wissenschaftlichen Qualifikation. Man schätzt das Alter des Goldhuts auf etwa 3.000 Jahre. In der ausgehenden Bronzezeit, 1.000 Jahre vor Christi Geburt, lange bevor die Römer nach Germanien kamen, wurde er gefertigt. Ezelsdorf und Buch aber haben sich zusammengetan und am Ort des Fundes eine sehenswerte Gedenkstätte geschaffen.

2. Die Kapitelle der Sola-Basilika aus Solnhofen

Aus der Zeit Karls des Großen, der karolingischen Zeit, sind nur wenige Bauwerke erhalten. Eines der bedeutendsten befindet sich im fränkischen Altmühltal, in Solnhofen. Dort errichtete man dem Heiligen Sola, einem der englischen Missionare Frankens, auf den Fundamenten von Vorgängerkirchen (die erste vermutlich aus dem 7. Jahrhundert) eine Grabeskirche. Viel ist von der Basilika nicht übrig, einige Säulen aber haben die Jahrhunderte überstanden, von denen drei noch ihre ursprünglichen Kapitelle tragen, Meisterwerke frühester Steinmetzkunst, weit über 1.000 Jahre alt. Die Kapitelle kann man an Ort und Stelle allerdings nur noch in Kopie bewundern, die wertvollen Originale hat man nach München gebracht, in die Archäologische Staatssammlung.

3. Die Pietà der Veste Coburg

Manchmal kann es sich lohnen, den Dachboden aufzuräumen. So ging es der Kirchengemeinde von Scheuerfeld bei Coburg. Beim Großreinemachen im Jahre 1911 kam unter einer dicken Staubschicht ein ergreifendes Kunstwerk zutage, eine holzgeschnitzte Pietà. Trauernd hält die gramgebeugte Gottesmutter ihren toten Sohn auf dem Schoß, das Antlitz des Gekreuzigten ist noch von Schmerz gezeichnet. Der unbekannte Künstler hat alles Leid der Welt in diesem Kunstwerk abgebildet, symbolisiert in der stummen Klage Mariens. Keinen größeren Trost kann es für einen Trauernden geben, als still vor dieser Pietà zu verweilen. Die

Coburger Pietà hat im Museum der Veste ihren Platz gefunden, sie gilt als die älteste Darstellung ihrer Art in Deutschland. Allein um dieses Kunstwerk zu erleben, lohnt der Besuch der Ausstellung.

4. Der Bamberger Reiter

Wer er war, ist unbekannt, und unbekannt ist auch sein Schöpfer. Stolz und schön reitet er seit Menschengedenken auf seinem edlen Schimmel durch den Bamberger Dom. Jeder kennt ihn, und doch staunt man jedes Mal aufs Neue über die Ausstrahlung, die von dieser Steinplastik ausgeht. Ursprünglich war sie farbig, wie die meisten Plastiken jener frühen Zeit; die Farbe aber ging verloren, was wir heute nicht als Verlust empfinden, lässt doch gerade der schlichte Stein die Form perfekt hervortreten. Eine Krone schwebt über seinem Kopf, also wird er wohl ein Fürst, ein König gewesen sein, der heilige Stefan von Ungarn vielleicht. Fest steht nur eins: Er ist und bleibt der unbestrittene Liebling aller Bamberger.

5. Dürers Mutter

Wenige Werke Dürers nur sind in seiner Heimatstadt verblieben, das Bildnis seiner Mutter aus dem Jahre 1490/93 zählt dazu: »Meine fromme Mutter hat 18 Kinder getragen und erzogen, hat oft Seuchen gehabt, viele andere schwere Krankheiten, hat große Armut gelitten, Verspottung, Verachtung, höhnische Worte, Schrecken und große Widerwärtigkeit.« Nur drei der 18 Kinder erreichten das Erwachsenenalter, auch hieran mag man ermessen, wie viel Kummer und Leid Barbara Dürer ertragen musste.

Als Dürer seine Mutter in Öl porträtierte, war sie etwa 40 Jahre alt. Dürer zeigt sie uns als schlanke, durchaus selbstbewusste Frau mit einem leicht melancholischen Zug um Augen und Mund. Ihr weißes Kopftuch fällt mit anmutiger Grazie über ihr weinrotes Kleid. Wie anders wirkt im Kontrast dazu das letzte Porträt, das Dürer von seiner Mutter fertigte, kurz vor ihrem Tod im Mai 1514. Keinem zweiten Künstler ist ein solch eindringliches Mutterporträt gelungen. Von Krankheit gezeichnet, die Augen blind, die Wangen eingefallen, hat die alte Frau sich dennoch ihren Stolz bewahrt, wird die Liebe des Sohnes, der sie nach dem Tod des

Vaters in seinem Hause aufnahm, in jedem Kohlestrich spürbar. Schade, dass nur das Bild der jungen Mutter im Germanischen Nationalmuseum in Nürnberg hängt. Das Bild der alten Frau, das im Kupferstichkabinett in Berlin zu sehen ist, gehört unbedingt daneben.

6. Venus mit Amor als Honigdieb von Lucas Cranach dem Älteren

In der Fränkischen Galerie auf der prächtigen Festung in Kronach sind auch einige Kunstwerke von Kronachs größtem Sohn, dem Renaissancemaler Lucas Cranach dem Älteren, zu bewundern (um 1475–1553). Neben Fürstenporträts findet sich unter anderem ein Bild der Göttin Venus, zu der weinend ihr kleiner Sohn Amor gelaufen kommt und sich bitterlich über die Bienen beschwert, die ihn, den frechen Honigdieb, zerstochen haben. Venus aber lächelt nur und tadelt ihren Sprössling sanft: »Warum schimpfst du über die Stiche der Bienen? Bedenke, welche Schmerzen die Menschen erst leiden müssen, wenn sie von deinen Pfeilen getroffen werden!« Auch Lucas Cranach scheinen die Schmerzen der Liebe ziemlich zugesetzt zu haben, jedenfalls hat er die beschriebene Szene überzufällig häufig zum Motiv genommen.

Lucas Cranach der Ältere ist ein Meister der verhüllenden Nacktheit. So trägt seine Kronacher Venus über dem nackten Leib ein hauchzartes Gewirke feinster Seidenfäden, kaum wahrzunehmen. Ob sich der Märchendichter Hans Christian Andersen, der auch durch Franken reiste, von Lucas Cranach die Anregung zu seiner Erzählung *Des Kaisers neue Kleider* holte? Lucas Cranach der Ältere kann an vielen Orten in Franken bewundert werden, im Mainfränkischen Museum in Würzburg, wo Adam seiner Eva begegnet, sehr umfangreich im Schlossmuseum von Aschaffenburg und natürlich auch im Germanischen Nationalmuseum in Nürnberg. In Kronach aber, seinem Geburtsort, ist man Lucas Cranach besonders nah.

7. Das Sakramentshäuschen von Adam Kraft in der Nürnberger Lorenzkirche

In der Bezeichnung »Sakramentshäuschen« spiegelt sich die fränkische Liebe zur Untertreibung wider. Das Sakramentshaus von Adam Kraft, 1493–1496 entstanden, ist stolze 20 Meter hoch, ein aus Sandstein erstaunlich filigran gestalteter Turm von sieben Etagen mit Darstellungen von Abendmahl, Passion, Kreuzigung und Auferstehung. Drei gebückte Handwerker scheinen das Kunstwerk zu stemmen, einer von ihnen trägt das Antlitz von Adam Kraft (1455/60–1509). Sakramentshäuser gibt es nicht viele, beim Konzil in Trient (1545–1563) wurde verfügt, die geweihten Hostien künftig im Tabernakel auf dem Altar aufzubewahren.

Dass das Sakramentshäuschen unversehrt blieb, ist dem Kunstverstand der Nürnberger zu verdanken. Nach der Reformation ohne eigentliche Bestimmung, blieb es dennoch erhalten, und als die Bomben der Alliierten drohten, gab man ihm ein Gewand aus Gips und rettete es so vor der Zerstörung.

Adam Kraft führte einen kleinen Steinmetzbetrieb in seiner Heimatstadt, ein anderes Meisterwerk von ihm befindet sich an der Außenwand des Ostchors von Sankt Sebald, das Schreyer-Landauer-Epitaph.

8. Der Heiligblutaltar in Rothenburg von Tilman Riemenschneider

Betritt man die Westempore der Stadtkirche St. Jakob in Rothenburg ob der Tauber, so steht man vor einem der größten Meisterwerke Tilman Riemenschneiders, dem Heiligblutaltar. Beim letzten Abendmahl, als Jesus die Worte sprach: »Dies ist mein Leib, dies ist mein Blut«, sei ein verwandelter Tropfen Wein den Kelch hinabgeronnen. Diesen Tropfen fing man auf, so die Legende, und gab ihn in eine Kapsel aus Bergkristall. Als würdigen Rahmen für diese wertvolle Reliquie schnitzte Tilman Riemenschneider ab 1501 den Heiligblutaltar, in dessen Zentrum natürlich das Abendmahl steht. Auf unvergleichliche Art beweist Riemenschneider in dieser Arbeit die Höhe seiner Kunst, in der Gesamtkomposition, aber besonders auch in den vielen Details, dem Fall der Gewänder und der Haare, den lebensnahen Gesichtern der Apostel, der Gefäßzeichnung auf ihren Händen und Füßen. Erstaunlich, dass im Mittelpunkt des Geschehens nicht Jesus steht, sondern Judas, der Verräter. Nimmt man Judas heraus, wird Johannes sichtbar, der Lieblingsjünger, der seinen Kopf schlafend auf die Tischplatte gelegt hat. Die Gesichtszüge von Jesus und Judas ähneln sich frappierend. Ob Riemenschneider die Ambivalenz von uns Menschen dadurch ausdrücken wollte?

9. Der Englische Gruß von Veit Stoß (1518)

Hoch oben über dem Chor der Nürnberger Lorenzkirche hängt der »Englische Gruß«, worunter kein »How do you do?« zu verstehen ist, sondern der fromme Gruß des Erzengels Gabriel, welcher Maria ihr baldiges Mutterglück verkündet: »Gegrüßet seist du, Maria!« Musizierende Engel und ein Rosenblütenkranz umrahmen die intime Szene, dazu gesellen sich sieben Medaillons, welche die sieben Freuden Marias symbolisieren, sieben Freuden, die im psychologischen Sinn auch heute noch viele Mütter verspüren: die Verkündigung, die für den Moment der Zeugung steht; das Treffen mit Elisabeth, das Glück, jemand anderem seine Schwangerschaft zu offenbaren; die glückliche Geburt; die Anbetung der Weisen, Sinnbild für die anteilnehmende Freude der Welt nach der Geburt; die Wiederauffindung im Tempel, stellvertretend für das große Glück, sein verloren gegangenes Kind wieder in die Arme zu schließen; die Auferstehung des Kindes und die eigene Himmelfahrt, glückliche Vereinigung der Seelen in einer jenseitigen Welt. Im Jahr 1817, 300 Jahre nach seiner Entstehung, stürzte das Kunstwerk auf den Boden und zerbrach in tausend Teile, die man mühsam wieder zusammenfügte. Nur das herabschwebende Christuskind fehlt seitdem.

Der gebürtige Schwabe Veit Stoß wird von vielen polnischen Touristen für einen Polen gehalten, weil er lange in Krakau lebte, wo er mit dem Altar der Marienkirche sein Hauptwerk schuf. 1496 kehrte er nach Nürnberg zurück, wo ihm ein Kaufmann übel mitspielte und um sein Vermögen betrog. Um sich sein Geld zurückzuholen, fälschte Veit Stoß eine Urkunde, worauf man ihm die Wangen brandmarkte und ihn ins Gefängnis warf. Auch die Intervention von Kaiser Maximilian I. konnte ihm nicht helfen, in Nürnberg galt er als geächtet.

10. Ölgemälde von Ernst Ludwig Kirchner in Aschaffenburg

Ein Gebirge. Lebendig, zackig, nervös, getaucht ins tanzende Licht intensiver Farben. Der Blick aus einer Berghütte bei Davos, die *Stafelalp im Nebel.* Hierhin war Ernst Ludwig Kirchner gezogen, um im Schutz der gewaltigen Alpen Ruhe zu finden nach den Berliner Großstadtjahren und seinem Kriegsdienst in einem Artillerieregiment. Doch auch die Berge konnten ihn nicht wirklich schützen, vor den Menschen nicht und nicht vor den Depressionen und dem Morphium. Als die Nazis an die Macht kamen, galt Kirchners Kunst, die Kunst des Expressionismus, die Kunst der »Brücke«, als dekadent und entartet. 1938 schoss sich der Künstler eine Kugel durchs Herz.

Ernst Ludwig Kirchner (1880–1938) stammte aus Aschaffenburg, wo er seine Kindheit verbrachte, in einem Haus am Bahnhofsplatz, an das er sich später mit der ihm eigenen Sensibilität erinnerte: »Noch heute sehe ich die Züge roter Backsteinmauern im Hofe meines Geburtshauses, das Haus mit dem Ziehtor [...] diese gespenstisch große Welt [...] die vollen Züge drüben auf dem Bahnhof [...]. Ich zeichnete alles, was ich sah. So ließ sich die Furcht eindämmen. Wie gerne hatte mein Vater meine Zeichnungen damals. Das Zeichnen hat immer geholfen, geholfen das Leben zu erhalten. So wurde ich Maler.«

Noch ein anderes Gemälde, die *Baumgrenze*, hängt im Schlossmuseum Aschaffenburg, viele weitere Werke von Kirchner können im Germanischen Nationalmuseum in Nürnberg bewundert werden.

Fränkische Heislabauer

Schon immer hatten die Franken ihre Freude daran, ihre Heimat mit den herrlichsten Bauwerken zu krönen, kein Zufall, fordert die abwechslungsreiche fränkische Landschaft doch jeden Architekten heraus. Besonders die grandios gelegenen Erhebungen lockten die Bauherrn: der Domberg in Bamberg, der Marienberg über Würzburg, die sich grüßenden Hügel über dem weiten Maintal bei Lichtenfels, die steilen Felsen in der Fränkischen Schweiz, der Grüne Hügel in Bayreuth, der Felsen über Nürnberg, über Cadolzburg ... auf allen Bergen und Hügeln errichtete man die prächtigsten Bauwerke.

Gebäude auf Berge zu stellen ist ein uralter Menschheitstrieb, das ist biblisch bezeugt. Als Jesus am Tag seiner Verklärung mit den drei Jüngern Petrus, Jakobus und Johannes einen hohen Berg erstieg und am Gipfel Moses und Elija erschienen, schlug Petrus sogleich vor, drei Hütten auf dem Berg zu errichten. Auch die alten Kelten bauten ihre Siedlungen mit Vorliebe in Himmelsnähe, Spuren finden sich allüberall auf den fränkischen Hügeln, dem Staffelberg, dem Hesselberg, dem Walberla ... Später bauten die fränkischen Fürsten um die Wette, besonders im Barock, manche, wie die Fürstbischofe der Schönborns, waren sogar vom Bauwurm befallen. So wurde Franken ein Dorado für Architekten. Zwei der bedeutendsten wollen wir Ihnen vorstellen, einen Klassiker des Barocks und einen Klassiker der Moderne.

Balthasar Neumann prägte Frankens Gesicht wie kaum ein Zweiter. 1687 in Eger geboren, wurde Neumann 1719 von Bischof Johann Franz nach Würzburg gerufen. Von seinen rund 100 bedeutenden Werken kann nur eine Auswahl genannt werden: die Schlösser Veitshöchheim und Werneck, die Basiliken von Münsterschwarzach und Vierzehnheiligen, die Wallfahrtskirchen in Gößweinstein und Limbach, die Kreuzkapelle in Kitzingen, die Brunnenhalle in Bad Bocklet, die Deutschordenskirche in Bad Mergentheim, die Tauberbrücke Tauberrettersheim. Neumanns berühmtestes Werk aber ist die Würzburger Residenz. Allein das Treppenhaus, wo gibt es das sonst? Balthasar Neumanns Treppenhäuser wurden weltberühmt, auch außerhalb von Franken musste er welche bauen, für das Schloss Augustusburg bei Köln und für das Schloss in Bruchsal. Die Krönung aber war sein Treppenhausentwurf für die Wiener Hofburg, der leider nicht realisiert wurde. Aber auch das Treppenhaus der Würzburger Residenz ist gewaltig, locker würde man darin so manches Schloss unterbringen. Wozu der Aufwand für ein paar Stiegen? Nun, das Treppenhaus war im Barock ein wichtiger Raum zum Repräsentieren. Genauestens legte die Etikette fest, wer wem wo auf den weitläufigen Treppen begegnen durfte. Und wehe, man vertat sich und vertrat sich. So ein Fehltritt konnte diplomatische Krisen heraufbeschwören!

Für seine Treppenhäuser ist auch der zweite fränkische Architekturstar bekannt. Dessen Häuser sind allerdings noch eine Nummer größer, sodass er ihnen neben den Treppenhäusern gnädigerweise noch Aufzüge spendierte. Helmut Jahn wurde 1940 in Zirndorf geboren. Sein Architekturstudium absolvierte er in München, von dort zog es ihn in die USA. Kein Zufall also, dass Helmut Jahns Bauten in die Höhe schießen und die Skylines vieler Städte beherrschen: der Messeturm in Frankfurt mit seiner auffallend pyramidalen Spitze, das Berliner Sony-Center am Potsdamer Platz mit dem gläsernen Bahntower, dessen Büros der Bahnchef bequem von der Straße aus kontrollieren kann, jede Menge Hochhäuser in Chicago und in Asien. Auch im Herzen seiner fränkischen Heimat sollte ein Bau von Helmut Jahn entstehen, mitten in Nürnberg, der Augustinerhof. Die Pläne lagen schon vor, doch dann kamen den Nürnbergern Bedenken. Modern ist ja gut und schön, aber doch nedd in Nämberch! Auch für seine Flughafengebäude ist Zirndorfs großer Sohn bekannt: Chicago, München, Bangkok, Köln/Bonn ... Hätte man Helmut Jahn doch den Bau des Berliner »Fluchhafens« anvertraut! Er wäre früher fertig geworden, und zwar zum Festpreis. Ein einfacher Trick, der sich in Franken bewährt hat: Der Architekt haftet als Generalunternehmer für sein Angebot. Wird's teurer, muss er jeden Cent aus eigener Tasche bezahlen. Schmerzhaft zu spüren bekam das ein dritter fränkischer Stararchitekt, dem wir unter anderem Kloster Banz, die Prachtfassade des Stifts Neumünster in Würzburg, Schloss Weißenstein in Pommersfelden und das Böttingerhaus in Bamberg zu verdanken haben: Johann Dientzenhofer. Dientzenhofer stand mehrmals kurz vor dem Bankrott, weil er seine Kostenvoranschläge zu günstig kalkuliert hatte.

(Zu Nürnbergs Ehrenrettung muss angemerkt werden, dass mit dem Neuen Museum von Volker Staab und dem dynamischen Flughafentower von Günter Behnisch, dem Architekten des Münchner Olympiageländes, mindestens zwei gelungene moderne Bauten gewagt wurden.)

Wolfram von Eschenbach

Viel wissen wir nicht über ihn. Geboren vor oder nach, gestorben circa um ... Ist ja auch schon lange her, sehr, sehr lange. Um das Jahr 1200 herum hat er gelebt, in einer Zeit, in der sich eine eigenständige deutsche Literatur erst zart zu regen begann. Wolfram war einer der frühesten und zugleich einer der größten deutschen Dichter. Andeutungen in seinem

Werk weisen ihn als echten Franken aus, deuten hin auf Obereschenbach als Ort seiner Geburt, Obereschenbach bei Ansbach, das heutige Wolframs-Eschenbach. Es war die hohe Zeit des Mittelalters, die Zeit der prächtigen Höfe, der mutigen Ritter, des süßen Minnesangs. Wolframs Minnelieder gelten als Höhepunkt dieser literarischen Gattung.

Er schuf eine eigene Sprache, reich an Bildern und Witz, an ironischen Brechungen auch und an plötzlichen Wendungen. Die von Wolfram in seinem *Titurel* entwickelte Strophenform wurde Generationen von Dichtern zum Vorbild. Sein bis heute berühmtestes Werk aber ist sein *Parzival*. Allein der Einstieg in den umfangreichen Versroman beweist Wolframs psychologische Kenntnisse und seinen echt fränkischen Charakter – sein Elsterngleichnis ist auch heute noch brandaktuell: So wie die Elster ist auch die Seele des Menschen. Es gibt keine völlig weißen Elstern und keine völlig schwarzen. Wie die Elster sowohl weiße als auch schwarze Federn trägt, so besitzt jeder Mensch helle und dunkle Charaktereigenschaften, edle Tugenden und Schattenseiten; aus diesen Widersprüchen erst setzt sich seine Persönlichkeit zusammen. So auch bei Parzival. Einen langen Weg muss er gehen, einen Weg voller Irrtümer und tragischer Verstrickungen, bis er vom Narren, der er gewesen, zum Hüter des Heiligen Grals heranreift. Packend die Szene, als der naive junge Parzival, auf der Suche nach einer Herberge, auf die Gralsburg gerät. Trauer herrscht an der Tafel, der Burgherr Amfortas ist schwer erkrankt. Parzival aber folgt nicht dem natürlichen Instinkt, nach der Ursache seines Übels zu fragen. Höfisch erzogen, hält er es für unfein, solch eine Frage zu stellen. Der Mangel an Empathie aber ist verheerend, denn nur dadurch hätte die Erlösung kommen können. So muss Amfortas weiterleiden, und Parzival kann erst nach langen Abenteuern, in denen er sich zu einem reifen Manne entwickelt, zum König des Grals werden.

Das Schicksal von Wolframs Parzival hat die Menschen schon immer fasziniert. Die Faszination speist sich daraus, dass der Entwicklungsprozess, den Parzival nehmen musste, vom Menschen auch heute noch gegangen und durchlitten werden muss. Richard Wagner hat diesen Zusammenhang ebenfalls klar durchschaut, die musikalische Fassung seines *Parsifal* orientiert sich eng an Wolframs literarischer Vorlage. Kein Zufall vielleicht, dass auch Richard Wagner eng mit Franken verbunden war, sich in Bayreuth seinen Traum vom eigenen Festspielhaus erfüllte, dort lebte und auch dort begraben liegt. Wagner, der gebürtige Sachse, hat viele Inspirationen in Franken erfahren. Bei den Fahrten durch die wildromantische Fränkische Schweiz entdeckte er Gößweinstein, dessen Burg das Vorbild für die Gralsburg bilden sollte. Bei seinen Nürnberger Reisen recherchierte Wagner über Hans Sachs und die anderen Meistersinger und setzte der Frankenmetropole ein musikalisches Denkmal.

Jean Paul

»Jean Paul ist mir fremd wie einer, der vom Mond gefallen ist«, sagte Friedrich Schiller. In Jean Pauls Beschreibung seines eigenen Geburtstags – er kam in Wunsiedel zur Welt – bekommen wir einen Eindruck von dem eigenen, höchst originellen Stil des berühmten Dichters aus dem Fichtelgebirge:

»Es war im Jahr 1763 [...] und zwar in dem Monate, wo mit ihm noch die gelbe und graue Bachstelze, das Rotkehlchen, der Kranich, der Rohrammer und mehrere Schnepfen und Sumpfvögel anlangten, nämlich im März; – und zwar an dem Monatstage, wo, falls Blüten auf seine Wiege zu streuen waren, gerade dazu das Scharbock- oder Löffelkraut und die Zitterpappel in Blüte traten, desgleichen der Ackerehrenpreis oder Hühnerbissdarm, nämlich am 21sten März; – und zwar in der frühesten, frischesten Tageszeit, nämlich am Morgen um 1 1/2 Uhr; was aber alles krönt, war, dass der Anfang seines Lebens zugleich der des damaligen Lenzes war.«

Die Märzwinde ließ Jean Paul auch durch die klassikergesättigte deutsche Literatur wehen. Mit seinen witzigen und skurrilen Einfällen, seinem wilden Assoziieren, seinen Sprüngen von einer Handlung zur nächsten, warf er die klassische Form des Romans über den Haufen und sorgte für Begeisterung bei den Jungen und für Kopfschütteln bei den Alten, bei Schiller und Goethe. Wenn Schiller aber sagt, Jean Paul sei ihm fremd wie einer, der vom Mond gefallen ist, so ist in dieser Kritik doch zugleich auch ein hübsches poetisches Kompliment verborgen.

Besonders die Damen liebten Jean Pauls Bücher: *Hesperus, Siebenkäs, Leben des Quintus Fixlein, Flegeljahre* ... Oft setzte Jean Paul im dichtenden Vorüberschreiten den heimatlichen Dörfern des Fichtelgebirges und seinen Landschaften literarische Denkmäler. Eigentlich hieß er Johann Paul Friedrich Richter, Jean Paul nannte er sich aus heißer Bewunderung für Jean-Jacques Rousseau. Stets blieb er seiner fränkischen Heimat verbunden, abgesehen von einer Episode in Weimar, wo er die Frauenwelt verrückt machte. Mit Frauen kannte er sich aus. »Zehn Küsse werden leichter vergessen als ein Kuss«, pflegte er zu sagen. Dann doch noch unter die Haube gekommen, zog er mit Weib und den beiden Kindern nach Bayreuth.

Zu Jean Pauls Lieblingsaufenthalt wurde, wie es seinem geselligen Charakter entsprach, ein ehemaliges Gasthaus, die Rollwenzelei. »Himmel! Welch ein Bier!«, dieser Ausruf ist überliefert. Aber auch die Psychologie hat Jean Paul bereichert. »Die schlimmsten Fehler werden gemacht in der Absicht, einen begangenen Fehler wiedergutzumachen«, gibt er zu bedenken und: »Der Furchtsame erschrickt vor der Gefahr, der Feige in ihr, der Mutige nach ihr.« Für seinen literarischen Weg könnte ein weiteres Zitat stehen: »Gehe nicht, wohin der Weg führen mag, sondern dorthin, wo kein Weg ist, und hinterlasse eine Spur.«

Auch zu den fränkischen Erfindern ist Jean Paul zu zählen. Nicht nur, dass er sich wissenschaftlich mit einem Wetterfrosch beschäftigt hat, er war es auch, der dem Wetterfrosch seinen Namen gab. Ein Spieler war er, der mit den Worten jonglierte, sprudelnd vor Einfällen, die zu zügeln ihm nicht eingefallen wäre. Viele andere uns zur Gewohnheit gewordene Wörter entstammen seiner Gedankenschmiede, neologistische Erfindungen voller Witz und schräger Schönheit. Die Gänsefüßchen, den Schmutzfink und den Angsthasen schenkte er uns, aber auch den Doppelgänger, den Pisssteuerzahler und den Weltschmerz. Ja, auch der Schmerz war Jean Paul nicht fremd. Besonders der frühe Tod seines Sohnes hat ihn tief verwundet. Langsam erblindend starb er 1825 an der Brustwassersucht in Bayreuth, wo er auch begraben liegt.

Ludwig Börnes Trauerrede auf Jean Paul beginnt mit den Worten: »Ein Stern ist untergegangen ...«

Friedrich Rückert

Entdecker gibt es viele. Die einen besteigen hohe Berge, die anderen befahren die Tiefsee. Andere blicken ins All oder schicken ihren Blick durch das Mikroskop in die kleinsten Winkel. Manche beleuchten die Tiefen der menschlichen Seele, manche erforschen, was die Welt im Innersten zusammenhält. Einer der größten deutschen Entdecker aber hatte ein völlig anderes Forschungsgebiet. Der Franke Friedrich Rückert. Rückert erforschte Sprachen. Auch solche, die bisher an deutschen Universitäten kaum untersucht worden waren.

Afghanisch, Albanisch, Altkirchenslawisch, Arabisch, Armenisch, Äthiopisch, Awestisch, Azeri, Berberisch, Biblisch-Aramäisch, Englisch, Estnisch, Finnisch, Französisch, Gotisch, Griechisch, Hawaiisch, Hebräisch, Hindustanisch, Italienisch, Kannada, Koptisch, Kurdisch, Latein, Lettisch, Litauisch, Malaiisch, Malayalam, Maltesisch, Neugriechisch, Neupersisch, Pali, Portugiesisch, Prakrit, Russisch, Samaritanisch, Sanskrit, Schwedisch, Spanisch, Syrisch, Tamil, Telugu, Tschagataisch, Türkisch.

Mit all diesen Sprachen hat er sich beschäftigt. 44 an der Zahl. Am intensivsten aber hat sich Friedrich Rückert sicherlich mit den orientalischen Sprachen befasst, dem Persischen, dem Sanskrit, dem Arabischen. Friedrich Rückert hat schön beschrieben, wie es ist, wenn man sich an das Abenteuer einer neuen Sprache wagt:

Mit jeder Sprache mehr
die du erlernst, befreist
du einen bis daher
in dir gefangenen Geist.

Wenn man heute eine Sprache erlernen will, dann besucht man einen Sprachkurs. Was aber, wenn zu der Sprache kein Sprachkurs existiert? Dann muss man sich mühsam alles selber beibringen, muss schauen, welche Bücher bereits existieren. So ging Friedrich Rückert vor. Sein erster und entscheidender Schritt, eine neue Sprache zu erlernen, war, sich ein schon bestehendes Wörterbuch zu besorgen und es für sich abzuschreiben. Kopierer gab es nicht. Beim Schreiben schon lernte er die Sprache, eine einzigartige Begabung, ein einzigartiger Fleiß.

Es heißt, eines Tages sei ein Mann zu Rückert gekommen, der in Südindien missionieren wollte und deswegen den bekannten Professor bat, ihn in »Talmulisch« (vermutlich eine damals im deutschsprachigen Raum verbreitete Bezeichnung für Tamil) zu unterrichten. Rückert sagte es ihm zu, aber erst für das nächste Semester. So lange brauche er, sich die Sprache selbst anzueignen.

Ein Wort zu übersetzen. Einen Satz. Einen Essay, eine Erzählung und erst einen Roman! Die schwierigste aller Künste aber, die größte Herausforderung: ein Gedicht. Um ein Gedicht zu übersetzen, reicht es nicht aus, Übersetzer zu sein. Dazu gehört mehr, wesentlich mehr. Um ein Gedicht zu übersetzen, muss man selbst ein Dichter sein.

Ein Gedicht zu übersetzen. Das bedeutet: eine östliche Rose in eine westliche Rose zu verwandeln, ohne sie um ihren Reim zu bringen. Den Rhythmus der Verse in neue Gewänder zu kleiden. Den Versen ihre Melodie zu lassen und den Wörtern ihren Klang. Mit den Lauten zu malen, das Harte hart und das Weiche weich zu zeichnen, Kompromisse zu finden, ohne die Schönheit zu trüben. Ein Gedicht zu übersetzen bedeutet: das Wesentliche seines Zaubers zu erspüren und diesen Zauber zum Leuchten zu bringen.

Ein Zauberer, der all dies beherrschte, der die Kunst, Gedichte zu übersetzen, beherrschte wie kaum ein Zweiter, auch das war Friedrich Rückert. Sprachwissenschaftler und Dichter zugleich, eine seltene, eine glückliche Fügung. Heute noch staunt ein Perser, ein Araber, wenn er der Übersetzung seines Hafis, seines Abu Tammam lauscht. Am Klang schon kann er das Original erraten. Ein schöneres Kompliment kann es kaum geben.

Friedrich Rückert, in Schweinfurt geboren, kam viel herum, im Herzen aber ist er Franke geblieben. Hier fühlte er sich zu Hause, hier schlug sein Herz. Schweinfurt – Oberlauringen – Würzburg – Hildburghausen – Ebern – Erlangen – Coburg – Neuses. Das sind die fränkischen Stationen seines Lebens. »Hättest Mainfurt, hättest Weinfurt heißen können, weil du führtest Wein, aber Schweinfurt, Schweinfurt sollte es sein«, beklagte er das nominelle Elend seiner Geburtsstadt. Die Schweinfurter aber setzen alles daran, die Herkunft ihres Namens anders zu deuten. Zu Recht. Wer wäre auch auf die verrückte Idee gekommen, Schweine durch den Main zu treiben? Selbst in trockenen Sommern hätte es die Tierchen rasch abgetrieben. Vielleicht sogar bis nach Ochsenfurt. Wegtreibende Schäufele? Allmächd!

Fränkische Gedichte – Gedichte aus Franken

Auch bei diesem Thema heißt es, sich zu beschränken und eine Auswahl zu treffen. Denn wie das Wasser aus den zahlreichen Quellen, so quillt in Franken auch die Poesie. Sechs sehr unterschiedliche Gedichte sollen die Vielfalt demonstrieren.

Als der Ansbacher August von Platen den Studienort wechselte und von Würzburg nach Erlangen ging, erinnerte ihn der Anblick des zerstörten Schlosses an seinen seelischen Zustand. Leer und ausgebrannt kam er sich vor, hatte er das schöne Würzburg doch aus Liebeskummer verlassen müssen. Schneller als gedacht jedoch kehrte in Erlangen seine Schaffenskraft zurück, und August von Platen schenkte der deutschen Literatur eine der schönsten Balladen. In vielen Schulbüchern wurde sie abgedruckt, bis die Lehrer das pubertäre Gefeixe beim Rezitieren der ersten Zeile leid wurden. Schade, kann Geschichte doch kaum spannender präsentiert werden als beim *Grab im Busento*:

Nächtlich am Busento lispeln
Bei Cosenza dumpfe Lieder,
Aus den Wassern schallt es Antwort
Und in Wirbeln klingt es wieder.

Und den Fluß hinauf, hinunter
Zieh'n die Schatten tapfrer Goten,
Die den Alarich beweinen,
Ihres Volkes besten Toten.

Allzufrüh und fern der Heimat
Mussten sie ihn hier begraben,
Während noch die Jugendlocken
Seine Schultern blond umgaben.

Und am Ufer des Busento
Reihten sie sich um die Wette,
Um die Strömung abzuleiten,
Gruben sie ein frisches Bette.

In der wogenleeren Höhlung
Wühlten sie empor die Erde,
Senkten tief hinein den Leichnam,
Mit der Rüstung auf dem Pferde.

Deckten dann mit Erde wieder
Ihn und seine stolze Habe,
Dass die hohen Stromgewächse
Wüchsen aus dem Heldengrabe.

Abgelenkt zum zweiten Male,
Ward der Fluss herbeigezogen
Mächtig in ihr altes Bette
Schäumten die Busentowogen.

Und es sang ein Chor von Männern:
Schlaf in deinen Heldenehren!
Keines Römers schnöde Habsucht
Soll dir je dein Grab versehren!

Sangen's und die Lobgesänge
Tönten fort im Gotenheere;
Wälze sie, Busentowelle,
Wälze sie von Meer zu Meere!

Auch das nächste Gedicht entstand in Erlangen. Als Friedrich Rückerts jüngste Kinder starben, war er ein halbes Jahr nur mehr in der Lage, Trauergedichte zu schreiben, die *Kindertotenlieder*. Sie waren Rückert Tränen und Trost zugleich. Oft sieht der Dichter seine beiden Kleinen als Engel weiterleben, so auch in diesem Gedicht:

Engel umschweben uns,
Wo wir auch gehn,
Engel umgeben uns,
Wie wir uns drehn.

Doch wir erkennen sie
Nicht in dem Licht,
Und zu benennen sie
Wissen wir nicht.

Selber zu blenden uns
Scheinet der Glanz,
Wir von ihm wenden uns
Halb oder ganz.

Aber nun haben wir
Engel ein Paar,

Denen ja gaben wir
Namen fürwahr.

Und nicht vergaßen wir:
Wirklich einmal
Selber besaßen wir
Leiblich den Strahl.

Sollten wir wenden uns
Ab von dem Glanz?
Sollten verblenden uns
Halb oder ganz?

Nein! Wir erkennen euch
Freudig im Licht,
Und zu benennen euch
Zweifeln wir nicht.

Lächelnd ihr gebet uns
Wohl zu verstehn,
Dass ihr umschwebet uns,
Wo wir auch gehn.

Einige Kindertotenlieder wurden in der Vertonung Gustav Mahlers unsterblich. Ernst Penzoldt setzt die kleine Erlanger Serie fort. 1892 wurde er im Professorenhaus seines Vaters geboren und setzte seiner Heimatstadt in zahlreichen Texten ein Denkmal, besonders in den wild-anarchischen Abenteuern seiner Powenzbande. Sein Wintergedicht hingegen ist von Rilke'scher Poesie:

Ich will an deiner Seite still
Über beschneite Wege gehn
Tief in das unbekannte Weiße
Und alle Spuren sollen

Hinter uns verwehn.
Dir werden Flocken leicht
Im Haare hangen,
In deinem Lächeln sich verfangen,
In blauem Atem glitzern und zergehn.
Du bist so leise
Als könntest du verstehn,
Dass wir schon lange nur auf Flocken schreiten
Und endlos fallend aus den Ewigkeiten
Ins Grenzenlose sanft herniedergleiten.

Seit einiger Zeit hat man begonnen, die Schönheit des fränkischen Dialekts wiederzuentdecken, besonders den Lyrikern haben wir diese Renaissance zu verdanken. Fitzgerald Kusz, der Autor des Kultstücks *Schweig, Bub!*, gehört zu den Dichtern, die mit maximaler Verknappung arbeiten:

lebkoung

deä vollmond ibä
nämberch is aa blouß
ä lebkoung

(Aus: F. Kusz, *Der Vollmond über Nämberch*, ars vivendi, Cadolzburg 2009)

Auch dem gebürtigen Aischgründer Helmut Haberkamm haben wir neben genialen Bühnenstücken schöne Dialektgedichte zu verdanken:

Zuuchveegl

Is Dorf woor mei Neesd
Di Schull haddmer Fliegl geem
Bin in fremda Länder gweesd
Die Stadd derhäld mi am Leem

Däädi nu im Neesd leem
Dääds mi als an ganz annern geem
Hädd waacha Federn oo
Bloß ohna Fliegl droo

(Aus: *Franken lichd nedd am Meer*, ars vivendi, Cadolzburg, 1992)

Hochdeutsch dichtet das Enfant terrible der neuen deutschen Lyrikszene, die vom Poetry-Slam gestählte junge Dichterin Nora Gomringer:

Tanz

Eine Art Drehung
Auf dieser Fläche
Ein Faltenwurf
Ein Knarren von Holz
Eine Beuge, der Takt
Lose beginnt man
Nähert sich dem Morgen
Auf weißem Parkett.

(Aus: Nora Gomringer. *Klimaforschung*. Verlag Voland & Quist, Dresden und Leipzig, 2008)

Dass Franken und die Dichtkunst auch heute noch eng verbunden sind, beweist das alljährlich stattfindende Poetenfest in Erlangen.

Frankens große Philosophen

Der Franke neigt zum Grübeln und Sinnieren. Kein Wunder, dass Franken eine reiche philosophische Tradition besitzt. Im Mittelalter war Nürnberg eine Denkfabrik des Humanismus. Man entdeckte die Antike und ihre Philosophen neu, ging »zurück zu den Quellen« und frischte dadurch das klerikale, mittelalterliche Denken auf. Bis heute ist diese Epoche mit den Namen Celtis und Pirckheimer verbunden. Conrad Celtis (1459–1508) wurde in Wipfeld am Main geboren, südlich von Schweinfurt. Der ursprüngliche Familienname »Pickel«, das Werkzeug der Winzer, wurde in »Celtis« latinisiert, wie es sich für einen echten Humanisten gehörte. Unter Pirckheimer wiederum ist nicht nur Willibald Pirckheimer (1470–1530), der große Freund und Förderer Dürers gemeint, sondern auch seine Schwester Caritas (1467–1532), eine hochgebildete Nonne, die als Äbtissin des Nürnberger Klarissenklosters lebhafte Dispute mit Osiander führte und mit vielen Persönlichkeiten ihrer Zeit im Briefwechsel stand. Caritas Pirckheimers Mut und Verstand und ihr Einsatz für die Gewissensfreiheit beeindruckte selbst Melanchthon, der sich, zum Erstaunen der bereits reformierten Stadt, für den Erhalt des Klarissenklosters als letztes Nürnberger Kloster einsetzte.

Gottfried Wilhelm Leibniz (1646–1716), der mit seinen mutigen Gedanken den Weg zur Aufklärung ebnete, verwehrte man in Leipzig mit dem Argument, er sei mit 20 Jahren zu jung, die Möglichkeit zur Promotion. Die Nürnberger aber hatten keine Vorurteile gegenüber der Jugend, und so konnte das Universalgenie Leibniz an der Altdorfer Universität seinen Doktor machen und fruchtbare Kontakte knüpfen. Auch im Zeitalter der Aufklärung stand Franken im Zentrum des Geschehens. Johann Gottlieb Fichte (1762–1814), stark von Kants Ideenwelt beeinflusst, musste seine Jenaer Professur aufgeben, da man ihn wegen Verbreitung atheistischer Ideen und Gottlosigkeit verklagt hatte. Trotz dieser Vorwürfe erhielt er eine Professur in Erlangen, wo er sich an die Reformierung der Wissenschaftslehre machte.

Dieser wichtige Erneuerungsgedanke wurde von Friedrich Wilhelm Schelling (1775–1854) aufgegriffen und weitergeführt. Auch Schelling, der in Würzburg und später in Erlangen lehrte, begriff die Philosophie als Vernunftwissenschaft. Schelling machte das schöpferische Ich zum obersten Prinzip seiner Naturphilosophie und animierte hierdurch zahlreiche junge Studenten, sich den Naturwissenschaften und der Entdeckung der Wunder dieser Welt zuzuwenden, so auch den jungen Spix aus Höchstadt und seinen Erlanger Freund Martius, die zu Expeditionen nach Brasilien aufbrachen. Von Fichte und Schelling wiederum wurde der vielleicht bedeutendste deutsche Philosoph und Vertreter des Idealismus nach Kant beeinflusst, Georg Wilhelm Friedrich Hegel.

Hegel (1770–1831) wirkte in Franken zunächst in Bamberg, wo er seine *Phänomenologie des Geistes* beendete. Seine Brötchen verdiente er als Chefredakteur der *Bamberger Zeitung*. Frustriert durch die Gängeleien der bayerischen Zensur, zog er nach Nürnberg, wo er acht Jahre das Egidiengymnasium leitete und seine *Wissenschaft der Logik* verfasste. Der Einfluss auf seine Schüler war enorm. Zwei von ihnen, beide Franken, wurden selbst zu Philosophen, Georg Friedrich Daumer (1800–1875) und Ludwig Feuerbach (1804–1872). Ludwig Feuerbach übernahm Hegels Methode der Dialektik, entwickelte sie weiter, wandte sie auf die Philosophiegeschichtsschreibung an und wurde so zum Wegbereiter von Karl Marx. Mit seiner psychologischen Deutung unseres Gottesbildes (»Der Mensch schuf Gott nach seinem Bilde«) nahm er wiederum Einfluss auf Friedrich Nietzsche, ebenso wie Daumer, der Stiefvater Kaspar Hausers, der eine ähnlich radikale Religionskritik verfasste.

Von allen namhaften Philosophen der Aufklärung verpasste lediglich Immanuel Kant das Philosophenland Franken – und das auch nur knapp. Um ein Haar wäre er an die Universität Erlangen gegangen, die Erlanger hatten sein frühes Genie erkannt und ihm ein interessantes Angebot gemacht, das Kant auch annehmen wollte, bevor er sich letztlich doch anders entschied und im heimatlichen Königsberg blieb. Kant kam nicht, schade! Er hätte gut nach Franken gepasst, stammte doch die Familie seiner Mutter aus Nürnberg – vielleicht lag es daran, dass sich Kant dem fränkischen Einfluss nicht entziehen konnte. Und an seinem Würzburger Diener Lampe, der streng über sein geordnetes Leben wachte und ihn jeden Morgen mit den immergleichen Worten: »Herr, es ist Zeit!« zu wecken hatte. Heinrich Heine scherzte einmal, Kants Kritiken wären ohne seinen fränkischen Diener so nicht entstanden.

Auch die moderne Philosophie blieb nicht ohne fränkisches Element. Theodor W. Adorno (1903–1969), als gebürtiger Frankfurter dem mainfränkischen Wesen ohnehin nahe verwandt, verbrachte die schönste Zeit seines Lebens im hübschen fränkischen Städtchen Amorbach, wo er mit seiner Familie als Kind regelmäßig urlaubte. Schon sein Abituraufsatz *Die Natur, eine Quelle der Erhebung, Belehrung und Erholung* ist von seinen Erlebnissen im fränkischen Teil des Odenwalds geprägt. Nach dem Exil während der Nazidiktatur kehrte der bedeutende Vertreter der Frankfurter Schule oft nach Amorbach zurück, »ins einzige Stückchen Heimat«, das ihm geblieben war. Auch als in den wilden Sechzigerjahren die Stimmung kippte und die Studenten nun gegen ihn, ihr einstiges Idol, protestierten, drei junge Studentinnen ihn gar mit nackten Brüsten auf dem Podium bedrängten, fand Adorno seinen Seelenfrieden in der sanften fränkischen Hügellandschaft wieder. Sein liebenswertes Porträt von Amorbach ist immer noch lesenswert.

(Ein sehr beliebter Philosoph in Erlangen ist und bleibt der *Philosoff*, eine Kneipe, in der bevorzugt durstige ältere Semester erforschen, »was die Welt im Innersten zusammenhält«.)

Franken und die Musik

Schon Frankens Minnesänger waren für ihre Kunst berühmt, in einer Landschaft mit einer solchen Fülle an Ritterburgen mussten natürlich auch eine Menge hübscher Burgfräuleins musikalisch versorgt werden. Doch nicht nur auf dem Lande wurde im frühen Franken musiziert, eine reiche Tradition entwickelte sich auch in den Städten, besonders in Nürnberg, wo der Meistersang zur vollen Blüte gelangte. Vielseitig begabte Handwerker ließen nach Feierabend ihre Stimmbänder flattern: Hans Folz, Hans Rosenplüt, allen voran aber Hans Sachs, um nur die bekanntesten Meistersänger zu nennen. Nach strengen Regeln musizierten die Meister, ein Merker gab acht und notierte erbarmungslos jeden Fehler. Über Hunderte von Jahren hielt sich die Tradition, Höhepunkte waren sicher das 15. und 16. Jahrhundert. Aus keiner anderen Stadt sind so viele Meistergesänge überliefert wie aus Nürnberg.

Im Barockzeitalter hielten sich alle drei fränkischen Fürstbischöfe ihren Hofmusikus, entstanden sakrale aber auch weltliche Kompositionen von hoher Qualität. Natürlich wollten da die Markgrafen nicht zurückstehen.

Mit Wilhelmine von Bayreuth, der Schwester des Alten Fritz, griff selbst eine Markgräfin zum Notenpapier und schuf erstaunliche Werke. Johann Pachelbel, Sohn eines Nürnberger Weinhändlers, war ein erster fränkischer Orgelstar. Weit kam er als Künstler herum, unterrichtete selbst einen Bruder von Johann Sebastian Bach und kehrte zuletzt wieder nach Nürnberg zurück, um in St. Sebald die Orgel zu schlagen. Pachelbel schuf ein vielseitiges Œuvre, Choralbearbeitungen, freie Orgelwerke, Orgelchoräle und Chorvariationen. Seine Musik wird heute noch oft gespielt.

Ein anderer großer Nürnberger Kirchenmusiker war Hugo Distler (1908–1942), der bedeutende Chorwerke schuf. In der Zeit des Nationalsozialismus in großer Bedrängnis, wählte er in Berlin den Freitod. Prominentester Musiker in Franken war sicher Richard Wagner (1813–1883), der zehn Jahre in Bayreuth lebte und wirkte und sich von den romantischen fränkischen Landschaften und Städten inspirieren ließ. Vorbild seiner Gralsburg ist die Burg Gößweinstein in der Fränkischen Schweiz, bei einigen Nürnbergbesuchen recherchierte er für seine *Meistersinger*. Wagners Musik und sein Bayreuther Festspielhaus mit seiner einzigartigen Akkustik, das er nach eigenen Plänen erbauen ließ, verzaubern die Menschen bis heute.

Doch auch die leichte Muse fühlt sich in Franken zu Hause. Einer der erfolgreichsten deutschen Schlagersänger wuchs in Erlangen auf, Michael Holm. Wer erinnert sich nicht an Hits wie *Mendocino, Musst du jetzt gerade gehen, Lucille* und *Franken lügen nicht*? Oder so ähnlich. Bis heute sorgen großartige Klangkörper für den echten fränkischen Sound: die Bamberger Symphoniker, die Orchester in Nürnberg, Coburg oder Würzburg. Und auch der weltberühmte Windsbacher Knabenchor.

Große Festivals ergänzen das musikalische Programm. Die reiche Nürnberger Orgeltradition mündete in die ION, die Internationale Orgelwoche Nürnberg, eines der bedeutendsten Festivals sakraler Musik, Wagner lockt jeden Sommer die Welt nach Bayreuth, Würzburg alle mozärtlichen Fans zum ältesten Mozart-Festival Deutschlands, Fürth die Freunde des Klezmers, Ansbach die Bachfreunde, Coburg heißblütige Sambatänzer und der Kissinger Sommer internationale Stars in den Regentenbau und ins Kurtheater. Gleichfalls Kult ist das Nürnberger

Bardentreffen. Der fränkische Himmel hängt eben immer voller Geigen, manchmal auch voller E-Gitarren, die beim »Rock im Park« die Karpfen des Dutzendteichs in den Schlamm treiben oder beim Taubertal-Festival die Forellen verjagen. Ob Geigen oder E-Gitarren, viele der edelsten Instrumente stammen ebenfalls aus Franken, aus dem Geigenbauerstädtchen Bubenreuth, von dem schon Paul McCartney seinen Beatlesbass bezog: *Roll over Beethoven ...*

Tipps für die Bayreuther Festspiele

Die erste Hürde ist die schwierigste: der erfolgreiche Kartenerwerb. Rechtzeitige Planung ist angesagt. Wenn Sie vorhaben, Ihren 50. Geburtstag auf dem Grünen Hügel zu feiern, sollten Sie sich mit 43 Jahren bewerben. Sieben Jahre dauert es, bis Sie Ihr Ticket bekommen. Durchschnittlich. Außer, Sie sind ein A-Promi oder in der Lage, auf dem Schwarzmarkt mitzubieten. Haben Sie die Karten glücklich ergattert, rennen Sie – so Sie dem weiblichen Geschlecht angehören – nicht gleich in die teuerste Edelboutique, um sich eine passende Robe zu kaufen. Selbst Angela Merkel wurde auf dem Grünen Hügel schon mit einem älteren, mehrfach getragenen Kostüm gesehen.

Ein paar Tipps vor der Anreise: Die Bayreuther Festspiele finden im heißen Monat August statt. Viele bezeichnen das Festspielhaus deshalb als Sauna mit Musikbeschallung, eine Einschätzung, der wir uns nicht anschließen können, da das Glück des völligen Entkleidens allenfalls manchen Darstellern gewährt wird. Fest steht: Während der Aufführungen läuft im Festspielhaus keine Klimaanlage. Der Flüssigkeitsbedarf ist enorm, zumal es oft schon um 16.00 Uhr losgeht. Da man, während Tristan seine Isolde besingt, schlecht zur Flasche greifen kann, ist es zweckmäßig, schon vor der Aufführung einen Schluck zu nehmen. Um die Flüssigkeit jedoch nicht in störenden Schweiß umzuwandeln, empfiehlt sich kalter Thymiantee. Während der Aufführung halten Sie eine Zitronenscheibe bereit, an der Sie bei Bedarf lutschen können. Hilft außerordentlich.

Um die Zahl kollabierender Zuschauer gering zu halten, gönnt Ihnen die Festspielleitung gnädigerweise zwei Pausen. Jetzt zeigt sich, wer ein Wagner-Kenner ist! Widerstehen Sie den köstlich duftenden fränkischen Würsten vom Grill und laufen Sie stattdessen schnurstracks zu Ihrem parkenden Auto, aus dem Sie sich nun den vorbereiteten Pausensnack holen, fränkisches Obst, am besten saure Johannisbeeren. Damit gehen Sie nun zu dem Kneippbecken in der Badeanlage hinter dem Festspielhaus. Beine freimachen und durch das kalte Becken stolzieren, erfrischend und kreislaufanregend zugleich. Und lustig für den Betrachter, wenn man mit lauter Männern im Smoking wie ein Storch durch das Wasser tapst, verzaubert die gerade gehörten Ohrwürmer summend. (Fliegt der Holländer oder glänzt das Rheingold, brauchen Sie keinen Pausensnack, weil es bei diesen Werken keine Pause gibt.) Haben Sie keine Angst, über das Kneippen und Knabbern das Ende der Pause zu versäumen, eine Bläsergruppe auf dem Balkon des Königsbaus bläst das Leitmotiv der jeweiligen Oper weit über den Hügel. Auch dann besteht noch kein Grund zur Eile. Man bläst es dreimal hintereinander. Wundern Sie sich nicht, wenn nach der Pause nicht mehr der ältere Herr, sondern eine junge Blondine neben Ihnen sitzt. Das ist die Enkeltochter. Nach der zweiten Pause wird auf ihrem Platz ihre Mutter sitzen. Viele Familien teilen sich auf diese Weise eine Karte.

Wenn nach dem ersten Akt nicht geklatscht wird, heißt das nicht, dass das Stück durchgefallen ist. Man klatscht in Bayreuth aus Tradition nur nach dem zweiten und dritten Akt. Außer beim *Parsifal.* Da klatscht man überhaupt nicht. Denn das ist ein Bühnenweihfestspiel, in der Kirche wird ja auch nicht geklatscht. Einer hat mal gewagt, beim *Parsifal* zu klatschen, das war ausgerechnet Richard Wagner selbst. Man hat ihn niedergezischt.

Damen, denen die Holzsitze zu hart sind, greifen zu einem Trick. Sie lassen sich die Original-Festspieltasche schenken, ein schickes Teil, das sich unauffällig aufklappen lässt. Die eine Hälfte nimmt den Tascheninhalt auf, die andere ist ein bequemes Sitzkissen. Damit kann man Wagner noch schöner genießen. Oder auch das nächste Clubspiel. Oder das nächste Spiel des Kleeblatts. Beim Fußball kommt man auch leichter an Karten.

Adam Ries

Es war schwer, die Übersicht zu behalten. Über die verschiedenen Währungen, Gewichts- und Längenmaße. Damals im ausgehenden Mittelalter, als auf dem deutschen Flickenteppich jeder Fürst sein eigenes Regelwerk festlegte. Das bot Chancen und Risiken. Chancen für die Gauner, Risiken für den ehrlichen Mann. Lebenserfahrene Leser werden sich noch daran erinnern, wie man in Italien Lira auf seine D-Mark herausbekam. Man war mit der Flut an Scheinen hoffnungslos überfordert. Im 16. Jahrhundert war alles noch viel komplizierter. Um die Gauner am Gaunern zu hindern und den ehrlichen Mann zu schützen, gab es nur eins: Man musste das Rechnen lernen.

Adam Ries, 1492 im schönen Staffelstein geboren, zog in die junge Silberbergbaustadt Annaberg und eröffnete dort eine Rechenschule. Und schrieb in Ermangelung vorhandener Unterrichtslektüre die passenden Mathebücher gleich selbst, auf Deutsch, was der Popularität gut tat. *Rechnung auf Linien* wurde ein Bestseller, ein Buch ausdrücklich für die Kinder. Für die Lehrlinge der kaufmännischen Berufe schrieb er das Buch: *Rechnung auf Linien und Federn.* Sein vielleicht anspruchsvollstes Werk trägt den kurzen Titel *Coß.* »Coß« stand für die Variable, das heutige »x«. In diesem Werk verwandelte Adam Ries die mittelalterliche Rechenkunst in eine neuzeitlich-moderne Algebra. Adam Ries ist es auch zu verdanken, dass die umständlichen römischen Ziffern, all diese seltsamen Vs, Ms, Ls und Cs, die vor- oder nachgestellten Is an den Xen, verschwanden und den uns vertrauten Ziffern der arabisch-indischen Kulturwelt wichen.

Adam Ries war ein Menschenfreund, der ein Büchlein verfasste, damit man den einfachen Mann beim Kauf des täglichen Brots nicht übers Ohr haute. Zwar war der Brotpreis damals in jeder Stadt festgelegt, die Bäcker aber hatten die Freiheit, gestiegene Mehlpreise durch Schrumpfung der Brote auszugleichen. Wie aber sollte man feststellen, ob der Bäcker nicht zu kleine Brötchen backte? Adam Ries' *Gerechent Büchlein auff den Schöffel, Eimer vnd Pfundtgewicht* gab die Antwort. In übersichtlichen Tabellen konnte nun jeder Bürger nachschlagen, ob Mehlpreis und Brotgröße im rechten Verhältnis standen. Man sieht: Mathematik kann den Menschen nicht nur quälen, sie kann ihm durchaus nützlich sein. Adam Ries jedenfalls war von seiner Kunst tief überzeugt und hob sie sogar in göttlichen Rang. Als Vorwort dichtete er:

Pithagoras der sagt für war
All ding durch zal wird offenbar
Drum sih mich an
verschmeh mich nit
Durchliß mich vor
das ich dich bitt.
Und merck zum anfang meine Lehr
zu Rechenßkunst dadurch dich ker.
In Zal, in Maß und in Gewicht
All ding von Gott sind zugericht.
Ein Mensch dem Zal verborgen ist
Leichtlich verfüret wird mit list.
Dis nim zu hertzen
bitt ich sehr
Und jeder sein Kind Rechnen lehr
Wie sichs gegen Gott und Welt verhalt
So werden wir in ehren alt.

Frankens Rechenkünstler

Würde man dem Franken ein Schulzeugnis ausstellen, dann würde es wahrscheinlich wie folgt ausfallen: Deutsch na ja, Heimat- und Sachkunde schon besser, Mathematik sehr gut! Ja, Rechnen kann der Franke, konnte es schon immer. Vielleicht weil in Franken aufgrund seiner zentralen Lage und offenen Grenzen stets lebhaft Handel getrieben wurde. Und Händler müssen rechnen können. Von Adam Ries haben wir schon gehört, auch von den weniger bekannten, aber kaum weniger genialen Rechenkünsten Albrecht Dürers. Die Reihe großer fränkischer Mathematiker lässt sich bequem fortführen.

Christophorus Clavius (1537–1612) aus Bamberg etwa war ein begnadeter Zahlenjongleur, der es bis nach Rom schaffte, wo er die Zeitrechnung revolutionierte und den ungenauen Julianischen Kalender durch den präzisen Gregorianischen Kalender ersetzte. Clavius stand, wie jeder Wissenschaftler, auf den Schultern seiner Vorgänger; der vielleicht wichtigste für seine Berechnungen war ebenfalls ein Franke, Hans Müller (1436–1476) aus dem unterfränkischen Königsberg. Im Zeitalter des Humanismus liebte man es, den eigenen Namen in die führende Wissenschaftssprache, ins Lateinische, zu übersetzen. Christophorus Clavius hieß eigentlich Christoph Schlüssel, Hans Müller schrieb sich Johannes Molitor, später nannte man ihn nach seinem Herkunftsort Königsberg »Regiomontanus«.

Regiomontanus war ein fränkisches Wunderkind. Mit zwölf Jahren bereits hatte er ein astronomisches Jahrbuch errechnet. Astronomie und Astrologie waren enge Geschwister, Mathekünstler brauchte man an den Höfen, um exakte Daten für die wichtigen Horoskope zu bekommen. Der Lauf der Planeten, der Stand der Sterne folgte geheimen Gesetzen, die es zu erforschen galt. Regiomontanus ging nach Leipzig, dann nach Wien, wo er für den Kaiser ein Horoskop für dessen Zukünftige erstellte. Man wollte schließlich nichts dem Zufall überlassen. Nach Zwischenstationen in Italien, wo er die Grundlagen für die neuzeitliche Trigonometrie entwickelte, wurde Regiomontanus an den ungarischen Hof berufen. In Buda erstellte er zusammen mit dem Polen Marcin Bylica äußerst exakte Sinus- und Tangententafeln. Bis auf die siebte Stelle genau. Der ungarische König Matthias aber wollte es noch genauer wissen und schickte seinen Mathestar nach Franken zurück, gab es doch weit und breit keine besseren Instrumentenbauer als in der Weltstadt Nürnberg.

Damals, im Jahre 1471, war auch in Nürnberg eine Nacht noch eine richtige Nacht. Wer wollte, konnte den Sternenhimmel ungestört beobachten, und während die Nürnberger schliefen, schaute Regiomontanus von der Burg hinauf in den Himmel und notierte seine Beobachtungen mit akribischer Genauigkeit. Aus dem Stand der Sterne und der Kenntnis der Zeit konnte man sehr präzise die eigene Position bestimmen, Erkenntnisse, die besonders für Seefahrer von größter Wichtigkeit waren und Entdeckern wie Christoph Columbus die Navigation erst ermöglichten. Nicht nur Sonne, Mond und Sterne beobachtete Regiomontanus, er war auch der Erste, der die Bahn eines Kometen exakt beschrieb, des C/1471, der heute seinen Namen trägt. Leider starb Regiomontanus schon recht früh, im Alter von nur 40 Jahren, in Rom, wohin ihn der Papst gerufen hatte. Auf dem Campo Santo Teutonico liegt er begraben.

Ein anderes fränkisches Mathematikgenie verdankt seine Karriere wesentlich seinem Vater. Johann Wolfgang Ohm, der in Erlangen eine alteingesessene Schlosserei betrieb, erkannte, dass seine Söhne besonderes Rechentalent besaßen, vor allem Georg Simon. Früh förderte der Vater diese Begabung, sodass Georg Simon Ohm (1789–1854) bereits mit 16 Jahren die Erlanger Universität besuchen durfte, an die er dann, nach einem Aufenthalt in der Schweiz, als Privatdozent zurückkehrte. Es waren die Jahre, in denen das Wunder der Elektrizität die Menschen in ihren Bann schlug. Georg Simon Ohm begann, sich intensiv mit den Gesetzmäßigkeiten dieser unsichtbaren Energie zu beschäftigen. Dank seiner fundierten mathematischen Kenntnisse war Ohm in der Lage, die Ergebnisse der Experimente auch mathematisch exakt zu beschreiben, so wurde er zu einem der Pioniere der Elektrizitätslehre.

Seine Forschungen waren bahnbrechend und fanden überall Anerkennung. Ohm wirkte in Bamberg, Köln und Berlin, bevor er die Leitung der renommierten Königlich-Polytechnischen Schule in Nürnberg übernahm, die heute seinen Namen trägt. Zum Ende seines Lebens wechselte er dann noch an die Universität München; auf dem Alten Münchner Südfriedhof liegt er begraben. Viele Ehrungen wurden Ohm zuteil – das bekannteste Denkmal wurde dem Erlanger 1881 posthum auf dem 1. Elektrizitätskongress gesetzt, die Benennung der Einheit des elektrischen Widerstands nach seinem Erstbeschreiber, dem Entdecker des Ohm'schen Gesetzes.

Die Liste der fränkischen Rechenmeister aber ist nicht komplett, wenn man ein weiteres Genie aus Erlangen vergisst, die Mathematikerin Emmy Noether (1882–1935). Schon ihr Vater war Mathematiker. Nach dem Besuch der Städtischen Höheren Töchterschule machte Emmy Noether zunächst eine Ausbildung zur Englisch- und Französischlehrerin und legte 1903 in Nürnberg das externe Abitur ab. Zu ihrem Glück durften ab 1903 endlich auch Frauen an bayerischen Universitäten studieren. Der Erlanger Mathematikprofessor Paul Gordan, der »König der Invarianten«, förderte die begabte Kollegentochter, und Emmy Noether promovierte 1907 als eine der ersten Frauen in Franken.

Steil ging ihre Karriere weiter. In Göttingen, dem damaligen Weltzentrum der Mathematik, traf sie auf engagierte Kollegen. Felix Klein und David Hilbert unterstützten Emmy Noether nach Kräften, kämpften aber vergeblich gegen die preußische Habilitationsordnung, die keine Frauen zulassen wollte. »Eine Fakultät ist doch keine Badeanstalt«, schimpfte David Hilbert. Erst unter veränderten politischen Verhältnissen nach dem Ersten Weltkrieg wurde Emmy Noether, die originelle mathematische Modelle entwickelt hatte, ihre verdiente Anerkennung zuteil. Nicht aber das Lebensglück, denn als die Nazis an die Macht kamen, musste Emmy Noether aufgrund ihrer jüdischen Herkunft nach Amerika fliehen. Auch in den USA forschte sie weiter und lehrte an einer Hochschule. 1935 starb sie an den Komplikationen einer Operation. Heute noch zählt Emmy Noether zu den größten Mathegenies aller Zeiten.

Ein weiterer Beweis, dass Franken gute Rechner sind, ist die Geschichte von Markus Goldmann. Er wurde 1821 in unmittelbarer Nachbarschaft des Geburtsorts von Regiomontanus in Trappstadt bei Königshofen als Sohn eines jüdischen Viehhändlers geboren. Mit 27 Jahren wanderte er in die USA aus, nach Pennsylvania, wo er sich in eine junge Stickerin verliebte, die ebenfalls aus Franken stammte. Bertha und Markus Goldmann, der sich nun Marcus Goldman nannte, führten ein bescheidenes Leben, ernährten sich und ihre fünf Kinder von den Stickereien Berthas und eröffneten dann ein Bekleidungshaus in Philadelphia. Bertha aber wurde Philadelphia bald zu klein, und so zog die Familie nach New York, wo Marcus Goldman in der Manhattaner Pine Street die M. Goldman & Company gründete. Hört sich gewichtig an, war aber zunächst nichts als ein Einzimmerbüro, in dem Marcus Goldman kleinen Tabak- und Diamantenhändlern ihre Schuldscheine abkaufte, die er sofort unter seinen Zylinder zu stecken pflegte, um sie mit einem kleinen Gewinn an Bankhäuser weiterzuverkaufen.

Sein Sohn Henry und einer seiner Schwiegersöhne, Samuel Sachs, übernahmen später das Geschäft. Samuel Sachs hatte gleichfalls fränkische Wurzeln. Sein Vater stammte aus dem unterfränkischen Rödelmaier, seine Mutter war die Tochter eines wohlhabenden Würzburger Goldschmieds. Die Väter Goldman und Sachs kannten sich aus ihrer fränkischen Jugendzeit und waren eng befreundet gewesen. Joseph Sachs, ein jüdischer Religionslehrer, hatte in New York ein eigenes Internat betrieben, sehr erfolgreich, im Alter aber ging er in die alte Heimat zurück, zu einer Kur nach Bad Kissingen, wo er 1868 verstarb und auf dem kleinen jüdischen Friedhof von Kleinbardorf bei Sulzfeld begraben wurde. Unter seinem Sohn Samuel Sachs und Henry Goldman expandierte das Unternehmen schnell, indem es sich einen Namen bei Firmen machte, die Kapitalgeber suchten. So entwickelte sich Goldman & Sachs zu einer der bedeutendsten Banken der Welt. Auch dank ihrer fränkischen Rechenkünste.

Fränkische Brückenbauer

Der Ingenieursgeist der Franken bezog auch eine besonders schwierige und verantwortungsvolle Kunst mit ein: die Kunst des Brückenbauens. Viele wunderbare Brücken gibt es in Franken. Der Nürnberger Kettensteg gilt als die älteste eiserne Hängebrücke der Welt, nicht weit von ihr entfernt überspannt mit der Fleischbrücke eine echte technische Meisterleistung die Pegnitz. Zunächst hatten sich die Ratsleute an einem Modell der venezianischen Rialtobrücke orientieren wollen, dann aber entschied man sich für eine bessere, weil behindertengerechtere Lösung ohne jede Stufe. So konnten auch Kutschen und Wagen bequem von der Lorenzer Seite zur Sebaldusstadt hinüberrollen. Die Fleischbrücke lohnt die bewundernde Betrachtung. Ohne Zwischenpfeiler überspannt sie im eleganten Bogen den Fluss, eine lichte Weite von 27 Metern, ganz aus behauenen Steinen gebaut, die sich durch ihr Gewicht gegenseitig stützen. 1595 begann man mit dem Bau, drei Jahre später wurde die Fleischbrücke eingeweiht, ein ebenso formschönes wie stabiles Bauwerk, selbst den Zweiten Weltkrieg überstand es nahezu unbeschädigt.

Älter noch ist die Alte Mainbrücke in Würzburg, 1476 begann man mit ihrer Konstruktion. 185 Meter waren zu überwinden, das ging nicht ohne Stützpfeiler. Um den Vormarsch der Amerikaner zu stoppen, zerstörten deutsche Truppen am 2. April 1945 den vierten und fünften Bogen, 1977 wurden sie wieder rekonstruiert. Eine besonders raffinierte fränkische Brückenkonstruktion ist die zentrale Regnitzbrücke in Bamberg. Dort setzte man als Brückenpfeiler ein ganzes Rathaus in den Fluss.

Fränkische Brücken dienten nicht nur der bequemen Flussquerung, sondern auch als Inspirationsquelle. So staunte der junge deutsche Student Johann August Röbling über eine Hängebrücke bei Bamberg, die an vier Ketten elegant die Regnitz überspannte. Röbling hat die Bamberger Brücke nie vergessen und ihr Konstruktionsprinzip zum Thema seiner Abschlussarbeit gemacht. Als die New Yorker eine riesige Brücke planten, die Manhattan mit Brooklyn verbinden sollte, entschied man sich für Röbling als Ingenieur und dieser sich für die Bamberger Hängebrücke als Vorbild. Die berühmte Brooklyn Bridge, großer, aber jüngerer Bruder einer kleinen fränkischen Regnitzbrücke.

Will man aus all den fränkischen Brückenbauern einen hervorheben, dann Heinrich Gottfried Gerber. 1832 in Hof geboren, studierte Gerber an den Polytechnischen Hochschulen in Nürnberg und München, arbeitete an der Eisenbahnverbindung von Neuenmarkt nach Bayreuth und ab 1855 in seiner Heimatstadt Hof in der Eisenbahnverwaltung. Seine kreativste Schaffensperiode aber begann 1858, als Gerber die Brückenbauabteilung von Cramer-Klett in Nürnberg übernahm, Vorläufer der Maschinenbau-Aktiengesellschaft Nürnberg MAN, deren Aufsichtsratsmitglied er später wurde. Heinrich Gottfried Gerber hat am Bau von etwa 600 Brücken mitgewirkt, er war ein echter Pontifex maximus (was wörtlich übersetzt ja »Größter Brückenbauer« bedeutet). Gerber gelang zudem eine bahnbrechende Erfindung zur Überbrückung großer Weiten, der Gerberträger. Nach diesem Prinzip wurde unter anderem die Elbbrücke bei Dresden, das »Blaue Wunder« konstruiert.

Wilhelm Conrad Röntgen

Neujahrspost. Die besten Wünsche für die engsten Freunde: »Alles Gute für 1896!« Was aber ist dem Schreiben beigelegt? Was für ein grauenhaftes Foto! Das Skelett einer menschlichen Hand. An einem Finger ein Ring, der Ehering. Von seiner Ehefrau, von Frau Röntgen. Kann man sich einen makabreren Gruß denken? Und einen faszinierenderen? Denn Frau Röntgen ist keinesfalls tot, ist quicklebendig! Wie aber konnte ihr Mann dann ihre Knochen fotografieren?

In dem Begleitschreiben schildert Wilhelm Conrad Röntgen seine Entdeckung. Durch einen Zufall ist er darauf gestoßen. In seinem Würzburger Labor hatte er mit einer elektrischen Röhre experimentiert, hatte Elektronenstrahlen erzeugt, die einen Fluoreszenzbildschirm zum Leuchten brachten. Ein bekanntes Phänomen. Dann aber hatte Röntgen etwas Seltsames beobachtet. Auch wenn der Fluoreszenzschirm weit von der Röhre entfernt stand, begann es grün zu schimmern. Wie geschah das? Elektronenstrahlen haben nur eine kurze Reichweite von einigen Zentimetern. Dann werden sie durch die Luft völlig abgebremst. Das, was den weit entfernten Bildschirm zum Leuchten brachte, konnten keine Elektronenstrahlen sein. Da musste etwas anderes dahinterstecken, andere Strahlen. Was für Strahlen aber waren das?

Röntgen, der gründliche Wissenschaftler, schloss sich in seinem Labor ein. Immer neue Versuchsanordnungen baute er auf, immer wieder aufs Neue versicherte er sich, keinen Fehler gemacht zu haben. Die Strahlen hatten die Röhre verlassen und waren durch das Glas gedrungen. Konnten sie auch andere Materialien durchdringen? Papier, Pappe, Holz? Röntgen geriet aus dem Staunen nicht heraus. Diese neuen Strahlen waren stärker als alle bekannten Strahlen. Mühelos durchflogen sie die Hindernisse. Nur von schwerem Metall, von Blei, wurden sie gestoppt. Röntgen ging nach Hause und bat seine Frau, ihn in das Labor zu begleiten. Wann ist das jemals vorgekommen? Röntgen positionierte ihre rechte Hand vor einem Schirm, auf den er eine fotoempfindliche Platte gespannt hatte. Die unbekannten Strahlen konnten nämlich nicht nur fluoreszierende Schirme zum Leuchten bringen, sie schwärzten auch

Fotoplatten. Nachdem Frau Röntgen die Hand auf den Schirm gelegt hatte, bat sie ihr Mann, sich nicht zu bewegen. Dann schaltete er die Elektronenröhre an. Frau Röntgen spürte nichts. Als Wilhelm Conrad Röntgen die Platte aber entwickelte, war das Handskelett seiner Frau deutlich zu sehen. X-Strahlen, nannte der Wissenschaftler die seltsamen neuen Strahlen. Und nachdem er sicher war, hundertprozentig sicher war, dass man alle seine Versuche jederzeit wiederholen konnte, wandte er sich an die wissenschaftlichen Freunde. Und verschickte seine Neujahrsgrüße.

Lässt sich die Aufregung denken? Kann man sich vorstellen, wie elektrisiert die Welt reagierte? Und nicht nur die wissenschaftliche. Zum ersten Mal konnte man das Innere eines Menschen sichtbar machen. Zumindest sein Knochenskelett. Jeder wollte Röntgens Entdeckung sehen, selbst Kaiser Wilhelm ließ ihn kommen und sich das Experiment zeigen. Der bescheidene Wissenschaftler, plötzlich war er ein Star. Keine Zeitung, die nicht über ihn berichtete. Was würde er mit seiner Entdeckung anfangen? Wie teuer würde er sein Patent verkaufen? – Patent? Verkaufen? Röntgen dachte nicht daran. Durch Patentschutz würde er die Entwicklung nur bremsen, würde er den segensreichen Nutzen für den Menschen und die Medizin nur aufhalten. Röntgen beantragte kein Patent. Jeder, der wollte, durfte die Röntgenapparate nachbauen. Bereitwillig gab er sein Wissen preis. Als ihm 1901 der Nobelpreis verliehen wurde, der erste Nobelpreis für Physik überhaupt, verzichtete er zudem auf die 50.000 Kronen Preisgeld und stiftete dieses lieber der Universität Würzburg. Und das, obwohl ihm die Würzburger zunächst keine Anstellung als Wissenschaftler geben wollten. Weil er kein Abitur gemacht hatte. Wegen eines Schülerstreiches hatte man ihn der Schule verwiesen. Und ohne ordentliches Abitur keine wissenschaftliche Karriere. Jedenfalls nicht im Königreich Bayern. Die Schweizer waren schlauer. Die Eidgenössische Technische Hochschule in Zürich schaute nicht auf beschriebene Papiere, sie schaute auf das Talent eines jungen Menschen.

Wilhelm Röntgen (1845–1923) war kein gebürtiger Franke. Er stammte aus Remscheid-Lennep, aus dem Bergischen Land. Vom Typ her aber passte er gut nach Franken. Er wird als introvertierter Mensch beschrieben, als nüchtern und korrekt. Und als schweigsam. War er in eine wissenschaftliche Arbeit vertieft, verstummte er vollends. Nicht mal auf Fragen seiner Frau antwortete er dann. Nun ja, auch heute unterhält sich das durchschnittliche deutsche Ehepaar nur sieben Minuten am Tag. In Franken könnten es noch einige Minuten weniger sein. Was nicht gegen die Qualität fränkischer Ehen spricht. Man versteht sich eben ohne Worte. Tröstlich übrigens für alle Nachwuchsforscher: Röntgen hatte als Schüler im Fach Physik eine Fünf gehabt.

Alois Alzheimer

Am 25. November 1901 brachte ein besorgter Ehemann seine Frau Auguste in die Frankfurter Nervenklinik. Innerhalb des letzten Jahres habe sich ihr Wesen stark verändert. Sie sei chronisch eifersüchtig, komme mit den einfachsten Arbeiten im Hause nicht mehr zurecht, verlege Dinge und finde sie nicht wieder, fühle sich verfolgt und verhalte sich den Nachbarn gegenüber aufdringlich. Dr. Alois Alzheimer, Arzt an der Klinik, führte das aufnehmende Gespräch.

»Wie heißen Sie?«
»Auguste.«
»Familienname?«
»Auguste.«
»Wie heißt Ihr Mann?«
Auguste zögert, antwortet schließlich: »Ich glaube ... Auguste.«
»Ihr Mann?«
»Ach so ...«
»Wie alt sind Sie?«
»51.«
»Wo wohnen Sie?«
»Ach, Sie waren doch schon bei uns.«
»Sind Sie verheiratet?«
»Ach, ich bin doch so verwirrt.«

»Wo sind Sie hier?«

»Hier und überall, hier und jetzt. Sie dürfen mir nichts übel nehmen.«

»Wo sind Sie hier?«

»Da werden wir noch wohnen.«

»Wo ist Ihr Bett?«

»Wo soll es sein?«

Doktor Alzheimer war erstaunt. Das Bild einer komplett verwirrten Frau, das er sonst nur bei sehr alten Patienten beobachtet hatte. Auguste Deter aber war erst 51, diese Angabe von ihr stimmte. Alois Alzheimer gab der Krankheit einen Namen: »Die Krankheit des Vergessens«. Das Tragische war: Auguste Deter war sich ihres traurigen Zustands in Ansätzen bewusst. Wiederholt sagte sie: »Ich habe mich sozusagen verloren.«

Das wissenschaftliche Talent von Alois Alzheimer wurde erkannt. Ein Jahr später ging er nach Heidelberg zu dem berühmten Psychiater Emil Kraepelin, den Alzheimer dann auch nach München begleitete. Alzheimer war wie Kraepelin fest davon überzeugt, dass bestimmte Geisteskrankheiten Krankheiten des Gehirns waren und nicht durch tragische Lebensereignisse hervorgerufen wurden. Wenn Geisteskrankheiten Krankheiten des Gehirns waren, musste man Spuren dieser Erkrankungen im menschlichen Hirn nachweisen können. So vertiefte er sich in die Pathologie, die Untersuchung von Gehirnen verstorbener Patienten. Nicht nur mit bloßem Auge, auch mit dem Mikroskop ging er auf Spurensuche. Seine Habilitationsschrift beschäftigte sich mit Schnittaufnahmen bei Patienten, die an einer verheerenden Folge der Syphilis litten, an progressiver Paralyse.

Trotz der neuen, aufregenden Aufgabengebiete und des Abschieds von Frankfurt vergaß Alois Alzheimer seine Patientin Auguste Deter nicht. Ständig ließ er sich den Krankheitsverlauf schildern und verhinderte eine Verlegung der zunehmend bettlägerigen Patientin. Am 9. April 1906 dann ein Anruf aus Frankfurt: Auguste Deter ist tot. Alois Alzheimer ließ sich die Krankenakte und das Gehirn der Verstorbenen schicken und machte sich sofort an die Arbeit. Das, was er unter dem Mikroskop beobachtete, war seltsam. Flächenweise waren Nervenzellen zugrunde gegangen, seltsame Eiweißablagerungen, sogenannte Plaques, verklebten die gesamte Hirnrinde. Auf einer Fachtagung in Tübingen stellte Alois Alzheimer seine Ergebnisse erstmals vor und sprach von einer eigenständigen, bislang nicht beschriebenen Krankheit. Heute trägt diese Form der Demenz seinen Namen: Morbus Alzheimer.

Alois Alzheimer war ein waschechter Franke. Am 14. Juni 1864 wurde er in Marktbreit in Unterfranken geboren. Am Main inmitten von Weinbergen aufgewachsen, entwickelte er sich zum Genießer, der gerne Wein trank, dicke Zigarren rauchte, gerne sang und Freunde zu Festen einlud. Auch besaß er den speziellen mainfränkischen Humor. Einmal verkleidete er sich als schmutziger Bettler, betrat seine eigene Klinik und verlangte, den berühmten Professor Alzheimer zu sprechen. Er gab sich erst zu erkennen, als man die Polizei rufen wollte, und lachte selbst am lautesten über den Scherz. Alzheimer heiratete die Witwe eines südamerikanischen Patienten, der an der Alzheimer-Krankheit gestorben war. Seine Frau war Jüdin und schenkte ihm drei Kinder. Die Ehe muss ausgesprochen glücklich gewesen sein. Dass ein hervorragender Wissenschaftler zugleich ein warmherziger Arzt sein kann, auch das hat Alois Alzheimer bewiesen. Am Frankfurter Klinikum für Psychiatrie, der »Städtischen Anstalt für Irre und Epileptische«, die damals unter der Leitung von Heinrich Hoffmann stand, dem Schöpfer des Struwwelpeter, versuchte man, weitgehend auf Zwangsjacken, Zwangsernährung und andere unmenschliche Praktiken zu verzichten. Stattdessen setzte man auf eine neue, patientenfreundliche Therapie, nutzte beruhigende, warme Bäder, schuf freundliche Krankenzimmer. Spaziergänge im Klinikpark und Ausflüge sollten den Kranken die notwendige Abwechslung verschaffen. Die Krönung von Alzheimers Laufbahn war die Übernahme der Königlichen Psychiatrischen Klinik zu Breslau als Nachfolger von Karl Bonhoeffer. Am 19. Dezember 1915 starb Alois Alzheimer mit nur 51 Jahren, vermutlich an den Folgen einer Grippe. Wir haben uns Alois Alzheimer als Menschenfreund zu denken.

Gustav Weißkopf

Wer war der Mensch, der den ersten Motorflug der Geschichte unternommen hat? »Die Brüder Wright«, werden viele rufen. Irrtum. Bereits zwei Jahre vorher ist ein anderer knatternd in die Lüfte gestiegen, nicht sehr hoch und nicht sehr weit. Aber doch allein mit Motorkraft. Der Franke Gustav Weißkopf.

Bridgeport, Connecticut. Es ist der 14. August 1901, früher Morgen. Eine seltsame Maschine wird in Position gerollt, sie sieht aus wie ein übergroßer Vogel, wie ein Flugreptil. Fächerförmig sind die ausladenden Flügel gebaut, aus Bambusstöcken und Seide. Vorne aber befinden sich zwei Propeller, die ein selbstgebauter Motor antreibt. 20 Pferdestärken. Wird das reichen? Der Konstrukteur des Flugzeugs und Entwickler des Motors ist Gustav Whitehead. Und er ist zugleich auch der Pilot.

Ein unbemannter Flug hatte funktioniert, nun nimmt Whitehead selbst in dem primitiven Cockpit Platz. Zwei Helfer halten die Maschine, bis Whitehead den Motor anwirft und der Vogel nicht mehr zu bändigen ist. Unter dem Staunen der Zuschauer erhebt sich das Flugzeug, hebt sich in die Lüfte und fliegt. Plötzlich taucht eine Kastaniengruppe vor ihm auf und Whitehead wirft sich zur Seite, die einzige Möglichkeit, sein Flugzeug zu lenken. Als die Maschine in einem sanften Halbkreis wieder zu Boden gleitet, hat Gustav Whitehead eine halbe Meile zurückgelegt. Der erste Motorflug der Menschheit ist gelungen.

Wer war Gustav Whitehead? Geboren wurde er als Gustav Weißkopf am 1. Januar 1874 im fränkischen Leutershausen bei Ansbach. Das Technik-Gen schien ihm in die Wiege gelegt, sein Vater war beim Eisenbahnbau beschäftigt. Schon als kleiner Junge hatte Gustav Weißkopf den Zauber des Fliegens für sich entdeckt. Papierdrachen bastelte er bald in allen Variationen und ließ sie an der Leine in den fränkischen Himmel steigen. Papierdrachen aber waren passive Segler. Wie machten es nur die Vögel, wie gelang ihnen der Aufstieg? Um das zu ergründen, fing Gustav Weißkopf mit einem Freund Spatzen, band ihnen Bindfäden an die Beine und beobachtete dann ihren Flug. Ein scharfer Rüffel vom Gendarmen war die Folge, man verbot ihm die Tierquälerei. Nicht verbieten aber ließ sich seine Neugierde.

Mit 13 Jahren dann ein schwerer Schicksalsschlag, Gustav Weißkopf verlor beide Eltern, wurde zum Vollwaisen. Ein Jahr später, nachdem er eine Schlosserlehre absolviert hatte, die ihm noch sehr nützlich sein sollte, reiste er nach Hamburg. Abenteuerliche Jahre zur See folgten, auf großen Segelschiffen fand er ausgiebig Gelegenheit, die Winde mit ihren Kräften und Tücken kennenzulernen. Ein Zeitungsartikel faszinierte Gustav Weißkopf so, dass er ihn abschrieb. Warum sollte der Mensch das Reich der Meere beherrschen, nicht aber das Reich der Lüfte? Als Weißkopf 1894 Schiffbruch erlitt, beschloss er, in den Vereinigten Staaten von Amerika sein Glück zu suchen. Wieder begann er, seinen verrückten Traum vom Fliegen zu träumen. Zunächst experimentierte er mit Segelflügen. Die Abhängigkeit vom Wind aber nervte ihn. Gab es nicht schon Schiffe, die auch bei Flaute fahren konnten? Mit Dampfkraft? Warum sollte das nicht auch bei Flugzeugen gehen? Wie sich die Schiffsschraube durch den Ozean pflügt, so müsste sich ein Propeller doch auch durch die Lüfte schrauben können. Das Problem allerdings war der Antrieb. Dampfmaschinen waren verdammt schwer für einen Flieger. Und doch konnte es nur so funktionieren. Wozu hatte er Schlosser gelernt? Die ersten Sprünge waren voller Gefahren. Weißkopf, der sich in Amerika nun Whitehead nannte, musste einen Heizer mitnehmen, der sich um die Dampfmaschine kümmerte. Es war das Jahr 1899, im April oder Mai, als es dem Team tatsächlich gelang abzuheben. Der Flug jedoch endete abrupt an der Hauswand eines dreistöckigen Gebäudes. Der Heizer verbrühte sich dabei, Weißkopf blieb unverletzt.

Nach dem beschriebenen erfolgreichen Flug vom August 1901 hätte sich jeder andere feiern lassen. Amerika liebt seine Helden und Pioniere, lässt gerne Konfetti regnen. Weißkopf aber war nicht nach Feiern zumute. Im Gegenteil, ganz Franke, blieb er bescheiden, ja, er grantelte ständig an den eigenen Leistungen herum: »Diese Flüge taugen alle nichts, weil sie nicht lange genug anhalten. Hinfliegen können wir noch nicht überall. Das Fliegen wird erst dann eine Bedeutung erhalten, wenn wir jederzeit an jeden beliebigen Ort fliegen können.«

Gustav Weißkopf geriet nicht nur wegen seiner Bescheidenheit in Vergessenheit. Es lag wohl auch daran, dass mit dem ausbrechenden Ersten Weltkrieg deutschstämmige US-Bürger zunehmend ignoriert wurden. Außerdem waren andere, die seine Ideen aufgriffen, bald deutlich erfolgreicher. Am 10. Oktober 1927, mit nur 53 Jahren, starb Gustav Weißkopf in seinem selbsterbauten Haus bei Bridgeport. Weil er keine Filmaufnahmen von seinen Pionierflügen hatte anfertigen lassen, wurden seine Leistungen sogar von vielen bestritten. Die Zeugenaussagen, Zeitungsberichte und flugfertigen Nachbauten aber beweisen eindeutig: Gustav Weißkopf war der erste Motorflieger der Geschichte. Wer Näheres über ihn erfahren will, dem sei der Besuch des Deutschen Flugpioniermuseums Gustav Weißkopf in Leutershausen ans Herz gelegt.

Zwölf große fränkische Erfindungen

Franken ist das Land der Tüftler und Erfinder. Der Franke ist ein Homo faber, ein typischer Vertreter des technischen Menschen. In vielen Patentämtern überlegt man schon, Formulare in fränkischer Mundart auszulegen, so viele Franken geben sich hier die Klinke in die Hand. An zwölf Beispielen soll die fränkische Innovationskraft demonstriert werden.

1. Die Klarinette

Schon die altsteinzeitlichen Jäger und Sammler hatten das Phänomen entdeckt: Bläst man in eine hohle Röhre, lassen sich wohlklingende Töne erzeugen. Aus Knöchelchen und Hölzern begannen unsere Vorfahren bald, sich kleine Flöten zu schnitzen. Das Holzblasinstrument war erfunden. Durch fortgesetzte Tüfteleien wurden die Flöten immer raffinierter. Nach dem Dreißigjährigen Krieg, in der Barockzeit, taten sich besonders französische Instrumentenbauer hervor und entwickelten mit der Chalumeau ein besonders wohlklingendes Blasinstrument. Es hatte nur einen Nachteil: Sein Tonumfang war sehr begrenzt.

Ein begabter deutscher Instrumentenbauer aus Nürnberg nahm das Chalumeau und veränderte seine Anatomie so lange, bis es sich überblasen ließ. Ein neues Instrument war entstanden. Sein Klang erinnerte an die reinen Naturtöne der Barocktrompete, das Clarin-Spiel. »Klarinette« wurde das neue Instrument deswegen genannt, sein Erfinder war Johann Christoph Denner (1655–1707), dessen Nürnberger Musikinstrumentenwerkstatt sich äußerst erfolgreich entwickelte.

2. Die Romantik in der deutschen Literatur

Im Jahr 1793 kamen zwei junge Berliner Studenten an die Universität Erlangen, Ludwig Tieck und Wilhelm Wackenroder. Bei ihren Ausflügen nach Nürnberg und Bamberg begeisterten sie sich für alte Traditionen und das deutsche Mittelalter, ihre Pfingstreise durch die Fränkische Schweiz wurde zum Erweckungserlebnis. All die romantischen Täler, die wilden Burgruinen, die Bräuche des einfachen Volkes begeisterten die beiden Dichter. Minnesang und Schwerterklang! Das war doch ganz was anderes! Wie nüchtern und langweilig erschien ihnen Berlin dagegen und die klassische Dichtkunst. Nicht mehr so abgeklärt und überlegen wie die Klassiker wollte man künftig schreiben, sondern beseelt und durchglüht, mit übervollem Herzen. Das war die Geburtsstunde der Romantik in der deutschen Literatur.

3. Der Augenbrauenstift und der Textmarker

Was wären unsere schönen Damen ohne jenen geheimnisvoll dunklen Zauber, mit dem die Brauen ihre Augen erst zum Strahlen bringen? Um der Natur ein wenig nachzuhelfen, gehört ein Utensil zwingend zum Inhalt jeder Damenhandtasche: der Augenbrauenstift. Auch er ist ein originär fränkisches Produkt, ursprünglich jedoch zu gänzlich anderen Zwecken produziert. Um Operateuren die Schnittführung des Skalpells zu erleichtern, lieferte Schwan-Stabilo (Nürnberg-Heroldsberg) in den Zwanzigerjahren des letzten Jahrhunderts spezielle Stifte, mit denen sich die Haut dunkel färben ließ. Amerikanische OP-Schwestern entdeckten, dass sich mithilfe dieser Schnittmusterstifte auch die Augenbrauen verschönern ließen (OP-Schwestern sind von jeher Trendsetter beim

Schminken der Augenregion, das Einzige, was die Ärzte von ihnen zu sehen bekommen). Bald fanden die OP-Stifte reißenden Absatz außerhalb der Kliniken. Und greift man zum Spitzer, hat man ebenfalls eine fränkische Schöpfung in der Hand: von Theodor Paul Möbius aus Erlangen.

Noch eine andere Erfindung stammt von den Stiftingenieuren aus dem Hause Schwan-Stabilo: der Textmarker. Als die Filzstifte vor über 50 Jahren erfunden wurden, jubelten die Kinder, denn nie zuvor war es möglich gewesen, mit so wenig Mühe so satte Farben zu erzielen. Viele Eltern aber seufzten, war vor den Filzstiften doch nichts sicher, kein Hemd, keine Tapete, keine Tischdecke. Erst ein in Franken erfundenes Folgeprodukt versöhnte viele Eltern wieder mit dem Filzstift: der Textmarker. Die cleveren Mittelfranken befüllten 1971 die Stifte erstmals mit einer speziell entwickelten fluoreszierenden Flüssigkeit, wodurch das weiße Papier zum Leuchten gebracht wurde, die schwarze Schrift aber schwarz blieb. Kein Student, der sich ohne solche Stifte zum Examen markert.

4. Der moderne Kühlschrank

Kühlräume gibt es schon lange. Auch künstlich hergestellte Kälte. Der Revolutionär in der Kühltechnik aber war Carl von Linde, der 1842 im oberfränkischen Berndorf geboren wurde. Carl Lindes immer raffiniertere Verfahren interessierten vor allem die Brauereien. Speziell bei der Herstellung untergärigen Bieres war eine temperaturregulierte Gärung unumgänglich. Und natürliches Eis stand nicht in jedem Jahr ausreichend zur Verfügung. Brauerei Dreher in Triest war die Erste, die eine Linde-Kühlmaschine kaufte, schnell folgten die Actien-Brauerei in Mainz, Spaten in München, Heineken in den Niederlanden, Carlsberg in Dänemark. Als Carl Linde seinen Talar auszog und das Polytechnikum in München verließ, wo er mit nur 26 Jahren Professor geworden war, waren es daher auch Brauer, mit denen er sich zusammentat, eine Fabrik zu bauen, die heutige Linde AG. Sobald die Produktion brummte, widmete sich Carl Linde wieder der Forschung und entwickelte ein Verfahren, die Luft zu verflüssigen. Seine Erfindungen waren so bedeutend, dass ihn Prinzregent Luitpold in den Adelsstand erhob. Der Eiskönig starb 1934, mit 92 Jahren, in München.

5. Der Schraubstollen

Am 20. November 1952 meldete der Herzogenauracher Schuster Adolf Dassler beim Patentamt München eine Neuerung an: die »Buchse mit durchgehender Gewindebohrung zur Aufnahme von unterhalb der Sohle eines Sportschuhs angebrachten Stollen«. Mit den Schraubstollen von Adidas ausgerüstet gelang der deutschen Fußballmannschaft 1954 das legendäre Wunder von Bern, der Gewinn der Weltmeisterschaft. Während die Ungarn auf dem glitschigen Rasen ausrutschten, bewahrten die deutschen Spieler das Gleichgewicht und schossen die entscheidenden Tore.

6. Die Torpedo-Freilaufnabe

Kein Junge in den Sechziger-, Siebziger- oder Achtzigerjahren, der nicht voller Stolz mit seinem Daumen den schlanken Hebel an seinem Fahrradlenker umlegte: die Torpedo-Freilaufnabenschaltung von Fichtel & Sachs, eine echte Schweinfurter Erfindung. Mit ihrer Hilfe erstürmten auch die Bergbewohner ihre Hügel oder rasten mit hoher Übersetzung zu Tal. Wild wie ein Torpedo eben. Und wer sicher bremsen wollte, kein Problem: Auch die Rücktrittbremse ist eine Schweinfurter Erfindung.

7. Die Kugelschleifmaschine

Eine Kugel kugelig zu kugeln, exakt kugelig ohne die kleinste Beule, ist eine echte Herausforderung. Speziell, wenn die Kugel nicht aus Holz, sondern aus hartem Stahl besteht. 1883 baute Friedrich Fischer in Schweinfurt die erste Kugelschleifmaschine, die Grundlage für Schweinfurts große Tradition in allen Kugelfragen. Denn mit den perfekt rundgeschliffenen Stahlkugeln ließen sich wunderbare Dinge bauen, Kugellager, Wälzlager. Überall, wo Metallteile gegeneinander bewegt werden müssen, sind solche Lager gefragt: Waschmaschinen, Propeller, Windräder, Fahrräder, Autoräder, Zugräder ... Ohne Übertreibung kann gesagt werden: »Schweinfurt makes the world go round.« Stolz auf seine

Erfindung verlängerte Fischer seinen Namen und nannte sein Werk kurzerhand Kugelfischer.

8. Die Taschenuhr

Früh schon hat der Mensch begonnen, die Zeit zu messen. Sonnenuhren mögen die ersten Stundenmesser überhaupt gewesen sein. Präziser und witterungsunabhängiger waren Rieseluhren, rinnender Sand in taillierten Gläsern, noch zuverlässiger aber wurden die Uhren, als man die Räderwerke erfand. Bald schmückte jede Stadt, die etwas auf sich hielt, ihre Türme mit mechanischen Uhren, einem Nürnberger aber war es vorbehalten, die erste deutsche Uhr zu konstruieren, die man mit sich tragen konnte, die Taschenuhr. Für diese brauchte man nicht nur besonders feine Rädchen, man benötigte auch eine Energiequelle, welche die Rädchen ausreichend lange antrieb. Auch diesen Mechanismus löste der Nürnberger Peter Henlein (1497–1542). Zog man die Uhr auf, marschierte sie geschlagene 40 Stunden lang und schlug sogar zu jeder vollen Stunde, zum Stolz seines Besitzers und zur Verblüffung jedes Fremden. Klar, dass jeder Promi, der auf sich hielt, die Ur-Rolex haben musste. Könige und Fürsten bestellten fleißig bei Peter Henlein, und bald schon schlug jedem sein Stündchen.

9. Die Schnellpresse

In einem Kloster bei Würzburg. In Oberzell. Hier wurde sie aufgebaut, die älteste Druckmaschinenfabrik der Welt. Der junge Friedrich Koenig hatte 1790 in Leipzig eine Buchdruckerlehre begonnen. Bücher zu drucken, das war ein Knochenjob. Mittels einer Handpresse wurde Seite für Seite mühsam hergestellt. Das musste doch einfacher gehen, dachte sich Friedrich Koenig. In England, wo schon die Dampfmaschinen rauchten, werkelte er so lange, bis er die erste maschinelle Druckerpresse erfunden hatte, die dampfgetriebene Zylinderschnellpresse. Besonders für die Tageszeitungen eine Revolution. Die *Times* war die Erste, die auf den neuen Schnelldruck umstellte. Friedrich Koenig aber ging nach Franken, in ein nach der Säkularisation aufgelassenes Kloster am Main nahe Würzburg. Dort produzierte er nun seine Maschinen im großen

Stil – der Beginn einer bis heute erfolgreichen Firmengeschichte: Koenig & Bauer in Würzburg, Weltmarktführer im Großformat. Aber auch Gelddruckmaschinen stellt Koenig & Bauer her. (Wie wär's mit einem kleinen, feinen Kellermodell?)

10. Das Röntgengerät

Die ersten Röntgenaufnahmen wurden 1895 in Würzburg geschossen. Über Wilhelm Röntgen und seine bahnbrechende Entdeckung haben wir schon berichtet. Die Entwicklung medizinischer Technik hat in Franken große Tradition. Die Firma Siemens begeisterte sich für die Erlanger Pioniere RGS und übernahm deren Geschäfte. Bis heute werden von den Erlanger und Forchheimer Ingenieuren die raffiniertesten Diagnosegeräte entwickelt, besonders in den bildgebenden Verfahren sind sie einer der führenden Anbieter.

11. Die Jeans

Schon sein Vater war Hausierer gewesen. Eine Art mobiler Kaufladen, der den Menschen alles ins Haus brachte, was diese zum Leben brauchten: Garn, Nadeln, Knöpfe und andere Kurzwaren. Während Vater Strauß von Buttenheim aus loszog, die Bauern in der Fränkischen Schweiz zu beliefern, zog es seinen Sohn Löb (1829–1902) nach Amerika. Dort änderte er seinen Vornamen in Levi und ging nach Kalifornien, wo gerade der Goldrausch ausgebrochen war. Goldwäscher waren die idealen Kunden. Sie hatten Geld, aber keine Zeit, in die Stadt zu fahren und einzukaufen. So lieferte Levi Strauss ihnen das Notwendigste. Notwendig aber waren besonders strapazierfähige Hosen, denn oft knieten die Goldwäscher auf der Suche nach den Nuggets im Kiesbett und wetzten sich Löcher in die Beinkleider. So kam Levi Strauss auf die Idee, aus dem Stoff für Zeltplanen eine Hose schneidern zu lassen. Der glückliche erste Kunde lief mit leuchtenden Augen durch die Siedlung und erzählte jedem von seiner Neuerwerbung. So kam die Sache in Schwung. Als man dann noch Nieten auf die Nähte setzte, waren die Waist Overalls, wie man die Jeans zunächst nannte, endgültig unverwüstlich und Levi Strauss ein gemachter Mann.

(Ein Besuch des Geburtshaus Levi Strauss Museums in Buttenheim ist sehr zu empfehlen.)

12. Der MP3-Player

Zugegeben: Es ist der fränkischen Wörter schönstes nicht. Dafür aber eine der erfolgreichsten fränkischen Erfindungen, Musik so zusammenzuquetschen, dass Beethovens gesammelte Werke in einen kleinen Schlüsselanhänger passen. Die Tränen aber treibt es einem in die Augen, wenn man mit ansehen muss, dass die komplette heimische Langspielplattensammlung noch daneben passt. Wie ist das möglich? Nun, die fränkischen Tüftler vom Fraunhofer-Institut in Erlangen hatten erkannt, dass wir die meisten kodierten Informationen auf den digitalisierten Medien ohnehin nicht wahrnehmen. Sie sortierten sie kurzerhand aus, so wie man Ihnen beim Friseur die Haare ausdünnt, ohne dass Sie eine Glatze bekommen. Fertig war das MP3-Format.

Die Ingenieure vom Fraunhofer-Institut haben noch eine andere bahnbrechende Erfindung gemacht: den absolut sicheren Torrichter. Fliegt ein Fußball wie beim legendären Wembley-Tor nicht klar ersichtlich über die Torlinie, so gibt es künftig einen Pieps und der Schiedsrichter bekommt durch einen Blick auf seine Spezialuhr gemeldet, ob er ein Tor pfeifen muss. Ein Magnet im Inneren des Balls gibt unbestechlich Auskunft.

Die Reihe ließe sich noch lange fortsetzen. Wer entwarf die ersten Globen? Wo fuhr die erste deutsche Eisenbahn? Wer erfand den praktischen Druckknopf? Wer war der Pionier der Bleistiftproduktion? Wo stand Deutschlands älteste Papiermühle? Die erste Hobelmaschine, das erste WC Kontinentaleuropas, die erste deutsche Irrenanstalt, der erste Bauplan für eine Bombe, die erste deutsche Fahrschule, das erste deutsche Hustenbonbon ... alles Made in Franken! Dem Nürnberger Barockdichter Philipp Harsdörffer ist die Erfindung des Nürnberger Trichters zu verdanken. Mit ihm ließ sich *Die Teutsche Dicht- und Reimkunst, ohne Behuf der lateinischen Sprache* in sechs Stunden eingießen. Eine weitere typisch fränkische Erfindung ist das Haar in der Suppe. Selbst wenn alle zufrieden sind, der Franke findet garantiert noch etwas auszusetzen.

Der fränkische Daniel Düsentrieb

Der produktivste aller fränkischen Erfinder war vielleicht der Nürnberger Hans Hautsch (1595–1670). Der gelernte Zirkelschmied war ein meisterhafter Feinmechaniker, der selbst den Sonnenkönig zum Kunden hatte. Ludwig XIV. von Frankreich stand vor dem Problem, ein passendes Geschenk für seinen kleinen Sohn zu finden. Zur Ausbildung jedes Fürstensprosses gehörte es, sich in der Kriegsführung zu üben, deshalb waren Zinnsoldaten schwer in Mode. Der Sonnenkönig aber wollte etwas Besonderes und bekam es aus Nürnberg geliefert. Hans Hautsch baute ihm ein komplettes Schlachtfeld, mit Reiterei, Fußvolk und Kanonen. Und alles war in Bewegung! Wie im echten Leben. Oder Sterben. Das ritt, säbelte und feuerte, dass es nur so staubte! Durch eine verborgene Mechanik wurden die Figuren wie von Zauberhand bewegt, 462 bewegliche Silbersoldaten inklusive Schlachtenlärm! Ob das königliche Anschauungsmaterial etwas genutzt hat? Sohn Louis jedenfalls schlug sich als tapferer Kommandant im Pfälzischen Erbfolgekrieg durchaus achtbar.

Der König von Dänemark war friedlicher gestimmt. Für ihn bastelte Hans Hautsch ein vollautomatisches Puppenhaus mit 100 verschiedenen Funktionen. Dann machte sich Hans Hautsch an die Darstellung der ganzen Welt und schuf ein vielbestauntes bewegliches Panoptikum, mit der Erschaffung der Welt im Basement, weiteren biblischen Szenen im ersten Stock und bienenfleißigen 72 Handwerkern im zweiten. Gekrönt wurde das Räderwerk mit einer funktionstüchtigen Badeanlage als Penthouse.

Doch nicht nur mit fantasievollem Spielzeug beschäftigte sich Hans Hautsch. Er war ein echter Wohltäter der Menschheit, denn für seine gichtgeplagten Mitmenschen (im reichen Nürnberg jener Zeit eine verbreitete Wohlstandskrankheit) konstruierte er einen Krankenfahrstuhl, womit sich die Patrizier durch die Stadt schieben ließen. Auch die Erfindung einer neuen Feuerspritze wirkte segensreich. Zwar gab es schon mechanische Pumpen, diese aber brachten keinen kräftigen Strahl zustande, sondern spuckten nur rhythmisch in die Flammen. Hans Hautsch gelang es, einen kontinuierlichen Strahl durch den Einbau eines Windkessels zu erzeugen. Da staunte die Fachwelt!

Die vielleicht wegweisendste Erfindung aber war die Entwicklung des Automobils. Hans Hautsch baute einen selbstfahrenden vierrädrigen Wagen! »Das also frei geht und bedarf keiner Vorspannung, weder von Pferden noch anders. Und geht solcher Wagen in einer Stund 2000 Schritt, man kann still halten, wenn man will, man kann fortfahren, wenn man will, und ist doch alles von Uhrwerk gemacht.« So berichtete ein Zeitzeuge. Das erste Auto, in Nürnberg war es unterwegs! Auch wenn es Skeptiker gab, wie den Dichter Philipp Harsdörffer, der spottete, im Inneren des Autos säße bestimmt ein kurbelnder Knabe verborgen. Und wenn schon! So ein kleiner Hilfsmotor kann den Wert der Erfindung nicht schmälern. Auch an einer flügelschlagenden Flugmaschine habe sich Hans Hautsch versucht, heißt es. Sicher ist, dass er den Streuglanz erfand, seine schmückendste Erfindung. Durch eine spezielle Behandlung mit Bronzespänen konnten die hübschesten Metallic-Effekte auf Tapeten oder Möbelstücken erzielt werden, die nicht nur die Damenwelt erfreuten. Es ist dringend Zeit, Hans Hautsch, dem fränkischen Daniel Düsentrieb, ein Denkmal zu setzen!

Entenhausen liegt in Franken

Auch der eigentliche Daniel Düsentrieb ist ein Franke! Genauso wie Donald Duck, sein geiziger Onkel Dagobert, Micky Maus, Tick, Trick und Track. Erika Fuchs (1906–2005), die geniale Übersetzerin von »Donald Duck«, hat Entenhausen mit all seinen tierischen Bewohnern in ihre oberfränkische Wahlheimat versetzt, nach Schwarzenbach an der Saale, einem Ort an der Bahnstrecke Bamberg–Hof. Ein paar Fakten hat Erika Fuchs verändert, aus der Saale wurde die Gumpe, aus Markgraf Christian, der Schwarzenbach 1610 die Marktrechte verlieh, wurde Emil Erpel. Aber sonst hat die pfiffige Frau eines Heizungsfabrikanten die Schwarzenbacher Szenerie unverändert übernommen.

So kann man sich mit Donald Duck vom Goldbach in den Schiedateich treiben lassen, mit Tick, Trick und Track, den Pfadfindern vom Fähnlein Fieselschweif, den Fuchshügel erstürmen, sich im Paulahölzchen verstecken oder in der Bäckerei Köppel die köstlichen Anisplätzchen kaufen, von denen Donald behauptet: »Die sind butterweich.« Seine 40 Meter Maschendraht will er sich in der nahen Eisenhandlung Schaff besorgen, Onkel Dagobert wendet an anderer Stelle ein, Herr Schaff sei ein viel zu gewiefter Fachmann, um sich auf jeden Handel einzulassen. Im *Café Rheingold* in der Ortsmitte kann es passieren, dass einen ein hundenäsiger Kellner namens Goofy bedient, der Micky Maus gerade ein Rührei serviert hat. Auch die Umgebung ist durch und durch fränkisch: Onkel Dagobert besitzt einen Skilift am Ochsenkopf, Daisy trifft ihre watschelnden Freundinnen in Fletschenreuth zum Ententanz, gelegentlich fährt man auch ins benachbarte Förbau. Schnabelwaid, Großschlattengrün, Kleinschlappen, Schnarchenreuth, wer diese Namen für Erfindungen hält, ist schief gewickelt! Diese Orte gibt es tatsächlich! Natürlich nur in Franken. (Strullendorf, Poppenreuth, Kotzendorf, Mausgesees und Ochsenschenkel würden sich für künftige Auflagen anbieten.)

Erika Fuchs hat Entenhausen nicht einfach eins zu eins nach Schwarzenbach verlegt und die amerikanische Vorlage von Carl Barks wörtlich übersetzt. Der gebildeten und belesenen Sprechblasenbefüllerin ist es gelungen, eine eigene Sprache zu schaffen, mit klassischen Anleihen wie bei Schillers *Wilhelm Tell*: »Wir wollen sein ein einig Volk von Brüdern, in keiner Not uns waschen und Gefahr!«, lässt sie die wasserscheuen Neffen Tick, Trick und Track schwören. Herr Fuchs, der Ingenieur, half seiner Frau bei den Konstruktionsbeschreibungen von Daniel Düsentriebs Höllenmaschinen: »Dem Ingeniör ist nichts zu schwör.« Als »Erikativ« ist Erika Fuchs' sprachschöpferische Einführung des reinen Wortstamms in die deutsche Sprache gewürdigt worden: »Staun«, »Seufz« und »Zitter«. Ohne Erikas Leistung schmälern zu wollen, die Benutzung der Inflektivform ist natürlich eine (unter)fränkische Erfindung! (»Ich mag dich küss!«; vergl. das Kapitel »Fränkisch für alle!«.) Sehr zu loben ist, dass Schwarzenbach seine Bedeutung für die Comic-Welt aktiv unterstreicht. Nicht durch Umbenennung der Ortsschilder in »Entenhausen«, aber durch den Bau eines Museums. Seine Badehose allerdings wird man zu Hause lassen müssen: Der Nachbau des Goldtalerpools von Onkel Dagobert ist nicht geplant. Seufz!

(Übrigens: Dass Franken eine Comic-Hochburg ist, beweisen auch Donald Ducks gezeichnete Freunde: Alle zwei Jahre kommen sie in Erlangen beim Internationalen Comic-Salon zu einem fröhlichen Sippentreffen zusammen.)

Homo ludens

Franken ist ein Dorado für Spieler. Sicher kein Zufall, ist doch erst der spielende Mensch der eigentliche Mensch. Zu versinken in völlig zweckfreiem Tun, das erst macht den Menschen zum Menschen. Befreit von der Last des ach so vernünftigen, ertragbringenden Handelns kann er sich beim Spiel ganz und gar, mit Haut und Haar in eine herrlich entspannende Parallelwelt stürzen. Gerade weil der Franke stets eifrig und fleißig sein Tagwerk vollbringt, ist ihm das Spiel ein wichtiger Ausgleich. So kommt es, dass auch das Herz der Spielwarenindustrie in Franken schlägt. Die Tradition ist groß. Schon früh wurden in Franken Spielzeuge aller Art produziert: mechanisches Spielzeug, Puppen, Gesellschaftsspiele. Im Spielzeugmuseum in Nürnberg kann man sich von der Vielfalt und dem Ideenreichtum fränkischer Spieleerfinder überzeugen. Weil das fränkische Spielzeug so beliebt war, begann man es an Ort und Stelle zu handeln, noch heute ist die Nürnberger Spielwarenmesse die größte ihrer Art. Einige Beispiele mögen illustrieren, dass der fränkische Spieltrieb bis heute wirksam ist.

Kaum ein Kinderzimmer, das nicht von den kleinen Gestalten okkupiert worden wäre, jenen daumenhohen, stets lächelnden Plastikzwergen, in deren aufnahmebereite Hände man Werkzeug aller Art stecken kann: Fähnchen, Tomahawks, Küchenlöffel. Je nachdem. Die Rede ist von den Männchen von Playmobil, jener Zirndorfer Wunderschmiede, die mit einer einfachen, aber genialen Idee (alle wirklich genialen Ideen sind einfach) die Welt mit Plastikknirpsen flutet. Die Mutter der Playmobilmännchen war die Ölkrise. Weil der Rohstoff für die bislang produzierten großen industriellen Plastikteile so teuer wurde, stellte man bei Geobra Brandstätter auf die kleinen Männchen um. Mittlerweile haben sie echten Kultstatus erreicht. Ein hessischer Pastor wollte mit ihnen sogar eine Kinderbibel illustrieren, was die Zirndorfer aber ebenso untersagten wie den politischen Piraten die Benutzung ihrer einäugigen Playmobilkollegen zu Werbezwecken. Das echte Playmobilmännchen ist nicht nur weltanschaulich, sondern auch politisch neutral.

Ein weiterer fränkischer Plastikrenner ist das Bobbycar. Weltweit wetzen sich unzählige Kinder ihre Schuhe damit ab. Und nicht nur die Kinder. Bobbycarrennen sind auch bei den Vätern sehr beliebt. Bei den Meisterschaften in Forchheim sausen sie im irren Tempo den Kellerberg hinunter. Ursprünglich in Fürth, werden sie von der Simba-Group (ehemals Big) nun in Burghaslach produziert.

Bis heute beliebt sind die Wundertüten aus dem Wundertütenwerk in Schlüsselfeld, die Modellautos der Firma Bruder aus Fürth, die Modelleisenbahnen von Fleischmann aus Nürnberg, jetzt Heilsbronn (»Die Fleischmann-Bahn, das präg dir ein, ist die Bundesbahn in klein!«), die noch nach Jahrzehnten auf vielen Speichern ihre Runden drehen. Unverwüstliche fränkische Qualitätsarbeit eben. Genau wie die beiden Extreme, die winzige Minitrix für den Küchentisch und Lehmanns Großbahnen für den Garten. Und selbst die Züge von Märklin tuten nun auf Fränkisch, die Fürther Simba-Gruppe hat sie frankonifiziert: »Duud, duud!«

Doch nicht nur an die Jungen, auch an die Mädchen hat man in Franken gedacht. Die ersten frühen Puppenmacher stammten aus Nürnberg. Puppen (Docken) wurden dort bereits im 15. Jahrhundert gefertigt. Von Nürnberg breitete sich die schöne Kunst nach Norden aus, Sonneberg und Walterhausen wurden zu weltweit führenden Geburtsstätten von Puppen aller Art. Weniger bekannt ist, dass auch die absolute Lieblingspuppe vieler Mädchen aus Franken stammt: die Barbiepuppe. Oder doch ihre Mutter. Die Mutter aller Barbies ist eine echte Fränkin. (Auch wenn man es ihr nicht unbedingt ansieht.) In Neustadt bei Coburg erblickte die Ur-Barbie 1955 das Licht der Welt, geschaffen durch die begabten Hände des Modelleurs Max Weißbrodt von der Spielzeugfabrik Hausser. Die *Bild*-Lilli, eine Comicfigur von Reinhard Beuthien, war ihr zweidimensionales Vorbild. Die Leser der *Bild*-Zeitung erheiterte Lilli durch kesse Sprüche: »Was? Zweiteilige Badeanzüge sind hier verboten? Okay, welches Teil soll ich ausziehen?« Die *Bild*-Leser verliebten sich in die hübsche Sekretärin, und so erweckte man sie in Franken zum Leben.

Als die Amerikanerin Ruth Handler durch Europa reiste, kaufte sie einige *Bild*-Lillis und nahm sie mit über den großen Teich. 1959 tauchte *Bild*-Lillis Zwillingsschwester als Barbie auf der Spielzeugmesse in New York auf und begann ihren Siegeszug durch die Mädchenzimmer der Welt. Ruth Handler war eine der Mitbegründerinnen von Mattel, dem amerikanischen Spielzeugriesen. (Wie Sie auf dem Flohmarkt das fränkische Original von der amerikanischen Fälschung unterscheiden können? Die fränkische Lilli hält selbst beim Sitzen die Beine stets parallel und niemals gespreizt. Echt fränkische Dame eben.)

Das Sams

Schweden hat den Michel aus Lönneberga, Berlin Emil und die Detektive, und Franken hat sein Sams. Das Sams ist der fränkischste unter allen Kinderbuchhelden. Zu Herrn Taschenbier, seinem erwählten Papa, kam das Sams, nachdem am Sonntag die Sonne geschienen hat, am Montag Herr Mon zu Besuch gekommen ist, Dienstag Dienst geschoben wurde, Mittwoch wieder mal die Mitte der Woche gewesen ist, es am Donnerstag heftig donnerte und Herr Taschenbier am Freitag frei gehabt hatte. Da musste, es konnte ja nicht anders sein, am Samstag das Sams erscheinen.

Eine klassische Schönheit kann man das Sams nicht nennen, dafür ähnelt seine Nase zu sehr einem Schweinerüssel, und auch die Froschfüße, die knallroten Bürstenhaare und die blauen Sommersprossen sind gewöhnungsbedürfig. Die Sommersprossen aber sind gar keine, sondern das vielleicht Sonderbarste am Sams: Die blauen Punkte sind Wunschpunkte. Äußert man in Gegenwart des Sams einen Wunsch, geht dieser augenblicklich in Erfüllung. Dass dies nicht automatisch glücklich macht, muss Herr Taschenbier gleich mehrfach leidvoll erfahren. So sind die Bücher vom Sams auch Bücher über das richtige Wünschen, eine Kunst, die nur wenige Menschen beherrschen. Schon in den alten Volksmärchen werden beim Wünschen die schlimmsten Fehler begangen, man denke nur an den Fischer und seine Frau, im besten Fall gelingt es, den Status quo wiederherzustellen. Auch Wünschen will gelernt sein.

Psychologisch betrachtet ist das Sams die Projektion eines jeden echten Franken. All die Dinge, die der Franke an sich vermisst, projiziert er auf das Sams. So ist das Sams spontan, schlagfertig und von unerschütterlichem Selbstvertrauen. Dem Sams gelingt es, die bisweilen zwanghaft geordnete Langeweile des fränkischen Alltags gehörig durcheinanderzuwirbeln. Dass das Sams dennoch in seinem Herzen ein wahrer Franke ist, erkennt man an seiner Lieblingsspeise: Noch lieber als von Stuhlbeinen, Blumensträußen und Fenstergriffen ernährt es sich von Würsten.

Auch der geistige Vater des Sams kann natürlich nur ein Franke sein: Paul Maar stammt aus Schweinfurt und lebt in Bamberg, wo auch die Abenteuer des Sams verfilmt wurden.

Das Frankenderby

Nichts Größeres gibt es für einen fränkischen Fußballfan als das Frankenderby. Der 1. FC Nürnberg gegen die Spielvereinigung aus Fürth. Was für einen Klang hat diese Begegnung! 1920 stand man sich sogar im Endspiel um die Deutsche Meisterschaft gegenüber, das Spiel gewann der Club. In den heutigen Zeiten, in denen mancher Fußballspieler den Verein schneller wechselt als das Hemd, kann man nicht mehr verstehen, was das Wort Vereinstreue einmal bedeutet hat. In den Zwanzigerjahren waren die Spieler ebenso fanatische Fans ihrer eigenen Truppe wie ihre fanatischsten Fans.

Als in der glorreichen Zeit, da die deutsche Fußballnationalmannschaft ausschließlich aus Franken bestand, Kicker des Clubs und des Kleeblatts zu einem Länderspiel nach Holland reisten, saßen die Nürnberger und die Fürther in streng getrennten Zugabteilen. Kein Wort wechselte man miteinander. Dann lief man gemeinsam im Stadion auf, kämpfte die Niederländer nieder, um dann zur Rückfahrt wieder streng getrennte Abteile zu beziehen. So war das damals. Einmal verloren die Nürnberger 2:7 gegen die Fürther, worauf der Trainer nach dem Spiel entsetzt ausrief: »Die Tränen haben mir in den Augen gestanden, wie die gespielt haben. Und ausgerechnet die Blödel aus Fürth gewinnen das!« Der Ausruf stammte aber nicht vom Nürnberger Trainer, sondern vom Trainer der Fürther, von Hans »Bumbes« Schmidt. »Bumbes« konnte nicht anders, er hatte als Aktiver für den Club gespielt.

Max Morlock

Über 900 Spiele. 900 mal 90 Minuten. Alle für einen, für seinen Verein. Für den Club. Mit 16 Jahren das erste Spiel, mit 39 Jahren das letzte. 1942 in der Gauliga Nordbayern, 1964 in der Bundesliga. 22 Jahre in der ersten Mannschaft. 900 Spiele, 700 Tore. Eine unglaubliche Quote, eine unglaubliche Konstanz.

Das schafft man nur, wenn man sich immer aufs Neue zerreißt, wenn man kämpft wie ein Stier, rennt wie ein Windhund. Wenn man den Fußball über alles stellt, wenn man immer wieder aufsteht, keine Schmerzen kennt, immer für die Mannschaft da ist. Schon als Kind. Gleißhammer, Arbeitersiedlung. Wo die Fabriken lärmen und am Wochenende die Menschen nach Zabo strömen, zum Sportpark, zum Club. Frühe Prägung.

Die ersten Ballversuche. Auf dem harten Straßenpflaster. Die Beine blutig geschrammt, die Knie aufgeschlagen. Heftpflaster drauf und weiter. Der Vater schüttelt den Kopf: »Des hört ma jetz auf!« – »Dann mouß i halt zu an Verein.« – »Warum?« – »Weil dou der Platz net gepflastert is!«

Als der Vater erfährt, dass der Monatsbeitrag nur 20 Pfennig kostet, stimmt er sofort zu. Das Heftpflaster kostet das Doppelte.

Eintracht Nürnberg zuerst. Im April 1940 das Lokalderby gegen den Club. Die Eintracht gewinnt mit 4:2. Beim Club wissen sie, wem sie diese Niederlage zu verdanken haben, erkennen sein Talent, werben Max Morlock ab. Sein erster, sein letzter Vereinswechsel.

Dann der Krieg, der verdammte Krieg. Mit nur 16 Jahren rückt Max Morlock in die erste Mannschaft auf, die älteren Spieler sind alle an der Front. Auch Max Morlock wird bald eingezogen, im letzten Kriegsjahr an die Ostfront geschickt, in der Tucheler Heide wird er mit seinen Kameraden eingekesselt. Unter abenteuerlichen Bedingungen gelingt es Max Morlock, sich nach der verlorenen Schlacht nach Pommern durchzuschlagen, wird noch mal nach Berlin geschickt, erlebt die Einnahme durch die Rote Armee, die Kapitulation. Wieder gelingt es ihm, sich durchzuschlagen, dorthin, wo die Amerikaner stehen. Wird Kriegsgefangener, wird nach Bamberg geschickt, flüchtet in einem Güterwaggon nach Fürth, zu Fuß weiter nach Nürnberg, nach Gleißhammer, nach Hause.

Trümmer, wohin man blickt. Auch das Elternhaus schwer beschädigt, der jüngere Bruder tot, gefallen in Russland. Der Zabo, ein umgepflügter Acker, die Tribünen abgebrannt, Bombentrichter überall, das Vereinsheim beschädigt und von den Amerikanern beschlagnahmt. Wo soll man spielen? Da kommt Hilfe von unerwarteter Seite. Aus Fürth. Der Ronhof ist nahezu unbeschädigt geblieben, man lässt die Nürnberger, lässt den Club auf den Platz. In der Not hält man zusammen.

Deutschland spuckt in die Hände, man beginnt die Zerstörungen zu beseitigen, neues Leben wächst aus den Ruinen. Auch mit dem Sport, dem Fußball geht's wieder voran. Schon im Herbst 1945 finden wieder Verbandsspiele statt. Am 4. November 1945 das erste Spiel des Clubs. Im Ronhof. Gegen Bayern München. Vor 15.000 Zuschauern gewinnt der Club mit 2:1.

August 1948. Überfüllte Ränge im Kölner Stadion, Tausende, die nicht mehr hineinkommen. Das Endspiel um die Deutsche Fußballmeisterschaft, das Finale. Die Gegner: der 1. FC Kaiserslautern und der 1. FC Nürnberg. Auf Seiten der Lauterer ein einzigartiges Brüderpaar, Fritz und Ottmar Walter. Doch auch die Walter-Brüder können den Lauf des Clubs nicht stören, mit 2:1 gewinnen Max Morlock und sein Team die Deutsche Meisterschaft, die siebte für den Club. Die Fahrt durch die noch blutende Heimatstadt wird zum Triumphzug.

1950. Ein Anruf. Von Sepp Herberger. Er will eine Mannschaft für die nächste Weltmeisterschaft aufbauen, braucht einen torgefährlichen Stürmer. Am 22. November 1950 ist Max Morlock zum ersten Mal dabei. Im Trikot der Nationalmannschaft. In Stuttgart gegen die Schweiz. Vor 100.000 Zuschauern. Vor dem Spiel erklingt die schweizerische Nationalhymne. Dann Stille. Eine Minute lang. Das neue Deutschland hat noch keine Nationalhymne, darf noch nicht singen. Deutschland gewinnt 1:0.

Eine steile Karriere. Und doch: Fußball ist eine brotlose Kunst. Um zu überleben, braucht man einen Brotberuf. Besonders, wenn man heiratet, eine Familie gründet. Ein Totogeschäft, dann ein Sportartikelgeschäft. In der Pillenreuther Straße. Seine Frau Inge hilft tüchtig mit, springt ein, wenn ihr Mann trainieren muss. Und trainieren muss er immer häufiger. Auch mit der Nationalmannschaft. Ein großes Turnier steht bevor, die Weltmeisterschaft in der Schweiz.

Deutschland ist nur Außenseiter. Favorisiert sind andere, die fantastischen Ungarn vor allem. Im zweiten Spiel gleich die große Klatsche. 3:8 gegen die Ungarn. Ohne Max Morlock. Im nächsten Spiel gegen die Türkei ist er wieder mit dabei. Deutschland gewinnt 7:2, der anschließende Sieg gegen die Jugoslawen bedeutet das Halbfinale, 6:1 schlägt man die Österreicher. Deutschland ist im Finale. Wieder steht man den Ungarn gegenüber, diesmal mit Max Morlock. Sepp Herberger gibt die Parole aus, kein Tor zuzulassen. Nach neun Minuten steht es 2:0. Für Ungarn. Wie reagiert Max Morlock? Den schockierten Mannschaftskameraden ruft er zu: »Das macht nichts, wir packen es noch!«

Sein wichtigstes Tor. Kaum ist wieder angestoßen, schickt Fritz Walter Helmut Rahn auf die Reise, der haut den Ball in Richtung ungarisches Tor, Flanke oder Schuss, wer will es entscheiden? Mit letztem Einsatz stürmt Max Morlock heran, rutscht mit den Beinen voran über den Rasen und spitzelt mit der Zehenspitze den Ball am herauslaufenden Torwart vorbei ins linke Toreck. Nur noch 1:2! Der Anschlusstreffer elektrisiert die deutsche Mannschaft. Sie gewinnen das Spiel noch mit 3:2. Das Wunder von Bern ist perfekt. Deutschland ist Fußballweltmeister.

Eine heimtückische, eine gefährliche Krankheit. Nicht lange nach der Weltmeisterschaft erwischt es auch Max Morlock, wie so viele seiner Kollegen aus dem Nationalteam. Der Urin wird dunkel, die Haut gelb.

Fieber, Übelkeit, Leibschmerzen. Hepatitis. Strengste Diät wird angeraten, maximale Schonung. Ein halbes Jahr darf Max Morlock nicht auf den Rasen. Wo hat er sich die Krankheitskeime eingefangen? Verdächtigungen werden laut. Die deutschen Spieler sind in der Schweiz mit Spritzen behandelt worden. Doping? Oder doch bloß Traubenzucker? Die Spritzen jedenfalls müssen verunreinigt gewesen sein.

Warum tut man sich das an? Jenseits der 30? Noch weiterzuspielen. Wo man doch alles erreicht hat, die Deutsche Meisterschaft, den Weltmeistertitel. Was soll jetzt noch kommen? Das sind keine Fragen, die Max Morlock sich stellt. Aufzuhören, nur des erreichten Erfolges wegen? Fußball macht ihm immer noch Freude, immer noch hängt er sich rein wie ein Junger. Und die Jungen in der Mannschaft, die Jungen vom Club bitten ihn, weiterzumachen. Er ist ihr Idol, der einzige Clubberer, der jemals bei einer Weltmeisterschaft mitkicken durfte. So bindet sich Max Morlock die Fußballstiefel fester und macht weiter.

1961. Mit 36 Jahren ein weiterer Höhepunkt. Endrunde um die Deutsche Meisterschaft. Die Berliner Hertha besiegt man, dann geht's gegen den 1. FC Köln. Ein großartiges Spiel, das alle verzaubert. Es endet gerecht 3:3. Alle drei Tore für den Club erzielte derselbe Spieler: Max Morlock. Ein lupenreiner Hattrick. Das Rückspiel in Köln gewinnt der Club mit 2:1. Die beiden Spiele gegen Bremen hatte man ebenfalls gewonnen, Nürnberg ist Gruppenerster. Im Finale geht's gegen Borussia Dortmund. Der Club gewinnt mit 3:0. Max Morlock ist mit seinem Club zum zweiten Mal Deutscher Meister. Und wird zum Fußballer des Jahres ernannt.

1962. 37 Jahre ist er nun. Endgültig Zeit, Ade zu sagen. Wehmütig nimmt man von Max Morlock Abschied. Aber nur, wenn er das Versprechen abgibt, im Notfall wieder einzuspringen. Max Morlock willigt ein. Was für ein Notfall soll das bitte sein? Der Notfall tritt schon zehn Monate später ein. Als deutscher Pokalsieger spielt man wieder einmal international. Aber die Mannschaft ist unerfahren, wie soll man diese Aufgabe stemmen? So ruft man Max Morlock, und Max Morlock steht zu seinem Wort. Im Hin- und im Rückspiel besiegt man die Dänen vom BK Odense, kämpft sich vor bis ins Halbfinale. Dort erwartet den

Club ein Atletico Madrid. Ein Hammer. Vor begeisterten Zuschauern gewinnen Max Morlock und seine Jungs mit 2:1. Unglücklich dann das Rückspiel. Mit 2:0 verliert man, darf nicht zum Finale.

1964. Eine Revolution. Es gibt keine Oberligen mehr, deren Beste den Meister ausspielen. Es gibt künftig nur noch eine höchste Liga landesweit, die Bundesliga. Am Ende der ersten Saison landet der Club auf Platz neun. Zum letzten Spiel war man zum HSV gereist. Das Spiel endete 2:2. Max Morlock hatte noch einen Treffer erzielt. Mit 39 Jahren. Sein letztes Tor für den Club.

Was macht einen guten Fußballer aus? Kampfstärke? Übersicht? Beidfüßigkeit? Technik? Der Dienst an der Mannschaft, die Fähigkeit, zu begeistern, zu lenken? Sepp Herberger: »In kritischen Situationen war immer Max Morlock mein Mann. Auf ihn konnte ich mich stets verlassen. Er war ein Spieler, der alle mitgerissen hat.« Auch das, sicher. Was einen guten Fußballer, einen guten Sportler aber noch auszeichnet: nicht nur gewinnen, sondern auch verlieren zu können. Auch darin war der bescheidene Franke ein Meister. Fair konnte er jedem Sieger gratulieren, ohne Neid, ohne nachzutreten. Max Morlock, der Sportsmann.

Max Morlock blieb seinem Club auch nach seiner aktiven Zeit verbunden. Alle lukrativen Angebote, ins Ausland zu gehen, hatte er als Spieler abgelehnt, Nürnberger durch und durch. Als er im September 1994 starb, war die Betroffenheit groß, die Trauergemeinde riesig. Begraben wurde er auf dem Friedhof St. Leonhard, für die Fans aber bleibt er unsterblich. In einer einmaligen Aktion sammelten sie Geld für eine Statue ihres Idols, stellten sie vor der Nordkurve auf. Und forderten lange, das Stadion nach ihm zu benennen – mit Erfolg: Seit 1. Juli 2017 ist es das Max-Morlock-Stadion.

Dirk Nowitzki

Anlage oder Umwelt? Gene oder frühe Vorbilder? Manchmal kommt beides zusammen. Und wenn dann noch jemand da ist, das Talent zu erkennen und zu fördern, dann kann etwas wirklich Großes daraus entstehen.

Eine sportliche Familie. Eine Familie, in welcher der Sport immer eine wichtige Rolle spielte. Schon die Mutter war hungrig auf die hohen Körbe, versenkte, wann immer sie konnte, die Bälle darin, brachte es bis ins Nationalteam. Der Vater liebte kleinere Bälle und ein größeres Ziel, spielte Handball in der Zweiten Bundesliga. Basketball oder Handball? Den kleinen Dirk Nowitzki lockten die Handbälle mehr, orientiert sich ein Junge doch lieber am Vater.

Würzburg, Röntgen-Gymnasium. Die Basketball-Schulmannschaft suchte nach Spielern. Ins Auge fiel ein 13-jähriger, sportlicher Schüler, der nicht nur seine Alterskameraden überragte. So kam Dirk Nowitzki zum Basketball. Die Sache machte ihm solchen Spaß, dass er in einen Verein eintrat, zur DJK Würzburg ging.

Zwei Meter. Wann wird er diese Grenze durchbrochen haben? Mit 16, mit 15 bereits? Zwei Meter, Gardemaß für einen Basketballer. Doch bei Weitem keine Garantie für eine erfolgreiche Karriere. Größe allein reicht nicht. Es klingt paradox, aber gerade kleiner gewachsene Spieler tun sich mit der Technik oft viel leichter. Sie sind wendiger, näher dran am Ball, der ständig zum Boden muss. Für einen schnell in die Höhe schießenden Jungen ist es oft mühsamer, seine Motorik zu kontrollieren. Viel Fleiß und Ehrgeiz gehören dazu.

Und ein guter Mentor. Jemand, der das Talent erkennt, die Möglichkeiten des athletischen Körpers sieht, aber mehr noch den Menschen, der in diesem Körper steckt. Dirk Nowitzki hatte das Glück, einen besonderen Mentor zu finden, Holger Geschwindner. Als Holger Geschwindner Dirk Nowitzki das erste Mal spielen sah, überzeugte er den jungen Mann, sich ganz auf Basketball zu konzentrieren, legte mit ihm Extra-Trainingseinheiten ein, wurde ihm zum Manager und Begleiter.

1998. Jubel in Würzburg! Die Basketballer der DJK hatten den Aufstieg geschafft, den Aufstieg in die Erste Bundesliga. Erfolgreichster Korbwerfer und Rebounder: Dirk Nowitzki. Durchschnittlich hatte er 22,9 Punkte pro Spiel erzielt, eine fantastische Quote. Nicht nur in Deutschland war man auf den Würzburger Jungen aufmerksam geworden. Man berief ihn in die Junioren-Weltauswahl, zu einem Spiel in den USA, dem Eldorado des Basketballs. Gegen eine Auswahl der US-Boys.

Die Sensation gelang. Die Weltauswahl gewann. Bester Spieler: Dirk Nowitzki mit 33 Punkten und 14 Rebounds.

Auf der Tribüne hatten sie gesessen, die Scouts, die Talentsucher, die Männer, die rechtzeitig begabten Nachwuchs für ihre Vereine suchten, für die NBA, die legendäre Basketballliga der USA. Das »German Wunderkind«, wie sie ihn schnell tauften, war bald Objekt ihrer Begierde. Ein 7-Footer, ein Spieler mit 2,13 Metern mit einer solchen Technik!

Aufregung im Hause Nowitzki. Besuch meldete sich an, hoher Besuch. Trainer und Manager der Dallas Mavericks, einem Verein der NBA, der besten Liga der Welt. Die einflussreichen Männer kamen eigens nach Europa geflogen, um Dirk Nowitzki zu einem Wechsel zu überreden. Nach dem Gespräch sollte Dirk Nowitzki die reichen Amerikaner nach Bamberg fahren. In seinem alten klapprigen Golf! Eingequetscht in die kleine Kiste mit Motorproblemen den Main entlang. Die Fahrt hat er nie vergessen, so peinlich war ihm das.

Im selben Jahr noch wechselte Dirk Nowitzki nach Amerika, nach Dallas, zu den Mavericks. Von Franken in die USA, von der Bundesliga auf direktem Weg in die NBA, der erste deutsche Spieler, dem das gelang.

Das erste Jahr war schwer. War es die Umstellung, war es der Respekt? Heimweh auch? Oder der ungeheure Erwartungsdruck? Wunderkind genannt zu werden, keine geringe Hypothek. Das erste Jahr war schwer, dann aber ging's bergauf, mit Turbotempo bergauf. Schon im zweiten Jahr wurde Dirk Nowitzki zu einem Führungsspieler der Mavericks, qualifizierte man sich für die Play-offs. Zum ersten Mal seit elf Jahren.

2002 Bronze mit der Deutschen Nationalmannschaft bei den Weltmeisterschaften, 2003 die Wahl zum besten ausländischen Spieler der NBA, 2003 zudem das Erreichen des Halbfinales der NBA-Play-offs, mit 46 Zählern die Aufstellung eines neuen Vereinsrekords, 2004 sogar 53 Punkte in einem Spiel, 2005 mit dem Nationalteam Silber bei den Europameisterschaften, 2006 Sieger des Dreipunkte-Wettbewerbs der All-Stars, mehrfache Wahl ins All-NBA-First-Team, als erster Europäer überhaupt. 2006 das erste Finale mit den Mavericks, 2007 Wahl zum »wertvollsten Spieler« der Liga.

Und jedes Jahr eine andere Frisur. Verheerende, grandios misslungene Haarkreationen. Mal zottelig lang, mal ultrakurz, mal ausgefräste Scheitel, mal die olympischen Ringe einrasiert, einmal völlig kahl, nur mit einem Teufelshörnchen auf der Stirn. Egal jedoch, wie die Frisur ausfällt, kämpfen tut er stets bis zum Umfallen. Nur etwas gibt es, an das kann er sich nicht gewöhnen: ans Verlieren.

Juni 2011. Finale der Play-offs, Spiel 6 gegen die Miami Heat. Wenn sie dieses Spiel gewinnen, sind sie amerikanischer Champion. Dirk Nowitzki aber ist geschwächt, mit 39 Grad Fieber hatte er das vierte Spiel bestritten. Es läuft nicht gut für ihn, seine Mitspieler aber fighten und halten Dallas im Spiel. Im letzten Viertel findet Dirk Nowitzki seine Form wieder, die Dallas Mavericks gewinnen die Meisterschaft. US-Meister zu werden, die NBA-Play-offs zu gewinnen, der Höhepunkt jeder Basketballkarriere. Jubel auch in Deutschland, Jubel in Würzburg. Großer Empfang im Rathaus, Tausende feiern, als Dirk Nowitzki den Balkon des Rathauses betritt. Der große Sohn der Stadt.

Viel Ruhm, viel Geld auch. Wie geht man damit um? Dirk Nowitzki, der »Dunking Deutschman«, der in den Spielen abheben kann wie kaum ein Zweiter, bleibt immer auf dem Boden. Bei der Musik, beim Gitarrespiel oder dem Saxofon entspannt er sich. Oder mit Pilates und Yoga. Er vergisst nie, woher er kommt, wem er seine Karriere zu verdanken hat. Seiner Familie, seiner Heimat, seinem Mentor und Freund. Und gibt viel zurück. An jene, die auf Hilfe angewiesen sind. An die Kinder, die im Schatten leben, deren Chancen nicht die besten sind. Der Sport kann helfen. Kann helfen, Selbstbewusstsein zu entwickeln, Freunde zu finden, nicht vor der Glotze zu versumpfen, etwas aus seinem Leben zu machen. So gründete Dirk Nowitzki eine Stiftung, die in seinem Namen geführt wird. Nicht nur der Sport, auch Hilfen zur Erziehung und Ausbildung werden gewährt. Mit einem Preisgeld von 30.000 Euro werden Projekte ausgezeichnet, die benachteiligte Kinder und Jugendliche fördern. Bescheiden ist er stets geblieben, heimatverbunden und treu, auch darin ein echter Franke.

Franken in Amerika

Viele Franken sind nach Amerika gegangen und haben dort Karriere gemacht. Von Emmy Noether, Levi Strauss, Goldman und Sachs, Helmut Jahn, Dirk Nowitzki und Henry Kissinger ist an anderer Stelle die Rede. Zum amerikanischen Volkshelden brachte es ein Bauernsohn aus Hüttendorf bei Erlangen, Johann Kalb (1721–1780). Johann Kalb diente im französischen Fremdenregiment, zeichnete sich aus und wurde hoher Offizier, bevor er im Auftrag der französischen Regierung nach Amerika ging. Als sich die amerikanischen Siedler gegen die englische Bevormundung zur Wehr setzten und der Unabhängigkeitskrieg ausbrach, kämpfte Johann Kalb auf Seiten der Amerikaner. George Washington hielt viel von dem Wissen und der Tapferkeit des Franken und übertrug Johann Kalb die Verantwortung für die Divisionen von Maryland und Delaware. Aufgrund einer Fehleinschätzung des amerikanischen Oberbefehlshabers Gates kam es zu der verhängnisvollen Schlacht bei Camden, in der Johann Kalb fiel. Die Amerikaner verehren ihn bis heute. Mehrere Städte tragen seinen Namen.

Doch nicht nur nach dem Franken Kalb, nach Franken selbst wurden einige Ortschaften in Amerika benannt. Wie sich das zugetragen hat, soll hier erzählt werden.

1838, Michigan, USA. Pastor Friedrich Wyneken schrieb einen Bittbrief, schickte ihn nach Deutschland, nach Franken, nach Neuendettelsau. An den aus Fürth stammenden Pfarrer Wilhelm Löhe, der dort eine Missionsstation betrieb: »Schickt uns Pfarrer!« Wilhelm Löhe reagierte, schickte nicht nur Pfarrer, sondern gleich eine ganze Gemeinde auf Reisen, eine Gemeinde auswanderungswilliger lutherischer Christen. In einem Brief vom 27. Juni 1848 heißt es: »Nachmittags verließen wir das Schiff und gingen zu Fuß durch enorm große Prärieabschnitte.« Die Franken gründeten in Michigan die Siedlung Frankenmuth.

Weitere Siedlungen in der Nachbarschaft folgten: auch Frankentrost und Frankenhilf sind typisch fränkische Dörfer, in denen noch lange Fränkisch gesprochen wurde. Die Missionsarbeit nahm man ernst. Man wollte die »Indianer« bekehren, bevor es andere taten. Die »Native Americans« im Norden der USA und Kanadas gehörten überwiegend dem Volk der Anishinabe an, dessen Name übersetzt so viel wie »rösten, bis es sich kräuselt« bedeutet, womit zum Glück nicht die fränkischen Missionare gemeint waren, sondern die spezielle Art der Anishinabe, die Nähte ihrer Mokassins abzudichten. Die Missionsarbeit gestaltete sich nicht immer einfach. Es gibt ein tiefes Unwohlsein im Menschen, die Religion seiner Väter zu verleugnen, gelegentlich ließen die Indianer deswegen auch die Pfeile schwirren.

Heute ist Frankenmuth ein Städtchen mit 5.000 Einwohnern, ein Ort mit lebhaftem Tourismus. Gut drei Millionen Touristen kommen jährlich den fränkischen Ort besuchen, den man »Little Bavaria of Michigan« nennt. Hauptattraktion ist »Bronner's Christmas Wonderland«, gegen den Käthe Wohlfahrts Weihnachtsland ein echter Tante-Emma-Laden ist. Weihnachtsartikel auf der Fläche von zwei Fußballplätzen, Hallen, in denen künstlicher Schnee von der Decke rieselt und auch im heißesten Sommer *Silent night, holy night* erklingt. Die Kapelle aus dem Salzburger Land, in der das Lied entstand, die Stille-Nacht-Kapelle, hat man im Maßstab 1:1 gleich danebengestellt.

Elf bedeutende Politiker, die aus Franken stammen

Kaiser Sigismund

Sigismund von Luxemburg kam am 15. Februar 1368 in Nürnberg zur Welt. Zum römisch-deutschen König wählte man ihn 1411, zum Kaiser 1433. Hochgebildet und mehrere Sprachen sprechend galt er als lebenslustiger Mensch, der beim Turnier gerne selbst im Sattel saß. Viel Zeit für solche Vergnügungen war ihm allerdings nicht vergönnt, musste er sich doch mit dem Problem der Kirchenspaltung herumschlagen, dem Abendländischen Schisma. In unermüdlichen Einzelgesprächen gelang es ihm, die auf dem Konzil von Konstanz versammelten Bischöfe und Fürsten auf eine Linie zu bringen und die Einheit der Kirche wiederherzustellen.

Ein Makel aber befleckt ihn bis heute: Dem böhmischen Reformator Jan Hus hatte man freies Geleit zugesichert, seine Thesen in Konstanz zu verteidigen. Als Hus nicht widerrief, warf man ihn auf den Scheiterhaufen. Sigismund hatte sein Wort gebrochen.

Seiner Geburtsstadt Nürnberg fühlte er sich bis zu seinem Tode verbunden: Der Kaiser verfügte, dass die Reichsinsignien auf ewige Zeiten in Nürnberg verwahrt werden sollten. Doch was dauert schon ewig? Heute sind die Reichskleinodien in der Wiener Hofburg zu bewundern. Wer Kaiser Sigismund bewundern will, muss ins Germanische Nationalmuseum gehen: Albrecht Dürer hat ihn nach zeitgenössischen Vorlagen porträtiert.

Albert von Sachsen-Coburg und Gotha

»Ich erblickte Albert mit einiger Bewegung, er ist schön«, notierte Königin Victoria von England in ihr Tagebuch und hielt, obwohl sie eigentlich niemals heiraten wollte, um die Hand ihres deutschen Cousins an. So wurde Albert von Sachsen-Coburg und Gotha Prinzgemahl. Albert, 1819 auf Schloss Rosenau bei Coburg geboren, beließ es aber nicht bei der Rolle des Mannes an ihrer Seite, er gestaltete die Politik aktiv mit. Besonders um Kunst und Wissenschaft machte sich der musische Coburger verdient, initiierte nicht nur die erste Weltausstellung, sondern entwarf zugleich die Pläne für den Crystal Palace, den Ausstellungsort in London. Auch die sozialen Aufgaben waren Albert wichtig. So übernahm er den Vorsitz der Gesellschaft zur Abschaffung der Sklaverei, kümmerte sich um die Modernisierung der Landwirtschaft und entwarf erste, menschenwürdige Arbeiterwohnungen. Als er mit nur 41 Jahren starb, schrieb Queen Victoria: »Mein Leben als glücklicher Mensch ist zu Ende.«

Prinzregent Luitpold von Bayern

Luitpold wurde 1821 in Würzburg geboren. Als dritter Sohn König Ludwigs I. standen seine Chancen, Bayern zu regieren, denkbar schlecht. Als aber König Ludwig II. entmündigt und dessen Bruder Otto berufsunfähig geschrieben wurde, übernahm Luitpold 1886 in einem Alter, in dem andere pensioniert werden, tatsächlich noch die Regierungsgeschäfte. Das Volk murrte anfangs, verdächtigte man Luitpold doch, etwas mit dem Badeunfall des Kini zu tun zu haben. Doch dann wurde die 26-jährige Regierungszeit Luitpolds eine große Erfolgsgeschichte. 26 Jahre ohne Krieg, 26 Jahre, in denen Schulen, Museen und Krankenhäuser gebaut wurden, in denen sich das Eisenbahnnetz verdoppelte. Künstler und Gelehrte saßen fast täglich beim Regenten zu Tische. Lieber aber noch kraxelte Luitpold in den Bergen herum und jagte Gemsen. Gelegentlich war der volkstümliche Prinzregent etwas zerstreut. Vergaß er einmal bei einem Empfang, sein Hosentürchen zu schließen, überging man diesen Toilettenfehler diskret, indem man die Anwesenden aufforderte, den Blick auf die eigene Hose zu richten. Als Luitpold 1912 mit 91 Jahren starb, trauerte das ganze Volk.

Bertha Kipfmüller

Schon als Säugling hatte sie eine kräftige Stimme, die in ganz Pappenheim zu hören war. 1861 ist Bertha Kipfmüller in dem fränkischen Städtchen geboren worden. Sie wollte Lehrerin werden. Weil die dreijährige Münchner Präparandenschule aber nur Männer besuchen durften, nahm Bertha Kipfmüller Privatunterricht. Glänzend bestand sie das Examen. Gerne hätte sie in Nürnberg unterrichtet, doch im Stadtgebiet wurden nur männliche Lehrer zugelassen. So unterrichtete Bertha Kipfmüller in Schoppershof, vor den Toren der Stadt. Wenn sich Bertha Kipfmüller aufregen konnte, dann über Ungerechtigkeit. So gründete sie den Mittelfränkischen Lehrerinnenverein und war auch bei der Gründung des Allgemeinen deutschen Lehrerinnenvereins mit dabei. Weitverbreitet herrschte die Ansicht, Frauen seien zum Studium ungeeignet. Das ärgerte Bertha Kipfmüller, und sie bewies das Gegenteil.

Nach Heidelberg ging sie, studierte nicht nur, sondern promovierte sogar. Dann kehrte sie nach Franken zurück, die erste Frau in Bayern mit einem Doktortitel. Während jedoch ihre männlichen Kollegen an der Nürnberger Höheren Töchterschule am Frauentorgraben als Gymnasiallehrer bezahlt wurden, speiste man Bertha Kipfmüller mit dem Gehalt einer Volksschullehrerin ab. Bertha Kipfmüller beschloss, sich politisch zu engagieren. So trat sie 1919 in die SPD ein und wurde in vielen Verbänden aktiv, bis die Nazis sie zum Rücktritt zwangen. Nach ihrer

Pensionierung war für Bertha Kipfmüller noch lange nicht Schluss: Sie studierte in Erlangen Jura und promovierte ein zweites Mal: *Die Frau im Rechte der Freien Reichsstadt Nürnberg*. 1948 verstarb Dr. Dr. Bertha Kipfmüller in ihrer Geburtsstadt Pappenheim, eine mutige Frau, die sich nicht den Mund verbieten ließ.

Leopold Sonnemann

Einer der ersten und überzeugtesten deutschen Demokraten erblickte in Höchberg bei Würzburg das Licht der Welt, Leopold Sonnemann (1831–1909). Vom Vater erlernte er den Beruf des Kunstwebers. Als der Vater starb, übernahm Leopold Sonnemann mit 22 Jahren den väterlichen Betrieb, den der Vater wegen besserer beruflicher Möglichkeiten und antisemitischer Ressentiments nach Frankfurt verlegt hatte. Leopold Sonnemann wurde nicht nur ein erfolgreicher Unternehmer, er wurde zum mutigen Kämpfer für die Rechte der Arbeiter und Bürger.

Sonnemann wusste, wenn man politisch etwas erreichen wollte, brauchte man ein Sprachrohr. So gründete er 1856 die *Frankfurter Zeitung*, die zunächst als *Frankfurter Geschäftsbericht* erschien. Aus dem ursprünglichen Wirtschaftsblatt wurde mehr und mehr eine politische Zeitung, besonders nach der Reichsgründung 1871. Es war ein mutiges Unterfangen. In den Bismarckjahren wurde immer wieder versucht, Druck auf die liberale Zeitung auszuüben, und die Redakteure wurden sogar zur Zwangshaft verurteilt. Revolutionär war auch die Art des Umgangs in der Redaktion: Sonnemann schaffte die Chefredaktion ab, gleichberechtigt diskutierten alle Journalisten bei den Konferenzen.

Neben seiner Pressearbeit mischte sich Leopold Sonnemann aktiv in die Politik ein und gründete mit Freunden 1868 die linksliberale Süddeutsche Volkspartei, als deren Abgeordneter er sich ab 1871 im Reichstag engagierte, in ständiger Opposition zum restriktiven Kurs Bismarcks. Doch nicht nur in die hohe Reichspolitik, auch in die Kommunalpolitik brachte Sonnemann sich aktiv ein. Für den Hauptbahnhof, den legendären Palmengarten und den Eisernen Steg machte er sich stark und förderte mit großem persönlichen Engagement Kunst und Wissenschaft. Dabei ging es Sonnemann immer darum, die Situation der einfachen

Menschen zu verbessern, etwa durch die Schaffung öffentlicher Bibliotheken, Museen und Bäder.

Erstaunlich ist, dass sich Leopold Sonnemann als Unternehmer führend für die deutschen Arbeitervereine einsetzte und sich zum leitenden Sekretär eines Dachverbandes, des VDAV, wählen ließ. Dieser machte sich für eine bessere Bildung, Entlohnung und Sozialversicherung der Arbeiter stark, für die Schaffung von bezahlbaren Wohnungen und das Genossenschaftswesen.

Neben all den Aktivitäten vergaß Leopold Sonnemann seine fränkische Heimat nicht. So stiftete er Klaviere für die Höchberger Präparandenschule, unterstützte finanziell die Ausbildung der dortigen Lehrer und besuchte regelmäßig das Grab der Eltern auf dem jüdischen Friedhof. 1906 ernannte die Stadt Höchberg ihn aufgrund seiner Verdienste zum Ehrenbürger. Als Leopold Sonnemann starb und auf dem Israelitischen Friedhof in Frankfurt bestattet wurde, war die Anteilnahme der Bevölkerung unvorstellbar.

Die Spuren seines Lebenswerkes sind noch nicht verblasst, am wirksamsten lebt Sonnemann in der von ihm gegründeten Zeitung fort, die, von Hitler verboten, nach dem Krieg als *Frankfurter Allgemeine Zeitung* wieder erschien. Bei ihren Überschriften hält die *FAZ* an der alten Frakturschrift fest, auch Sonnemann zu Ehren.

Adam Stegerwald und der Ochsensepp

21. Februar 1933. Auf einer Versammlung der politischen Partei des Zentrums stürmt plötzlich ein Schlägertrupp der Nazis aufs Podium, bedrängt den Redner und schlägt ihn mit Kopfhieben nieder. Die Polizei greift nicht ein. Der Mann, der blutend am Boden liegt, ist Adam Stegerwald, langjähriger Minister der Weimarer Republik, ein überzeugter Demokrat aus Greußenheim bei Würzburg. Adam Stegerwald muss untertauchen, wird Hausvogt in einem Berliner Frauenkloster. Nach dem Attentat vom 20. Juli verhaftet ihn die Gestapo und steckt ihn ins Würzburger Gefängnis.

Nackt unter dem Galgen. Im KZ Flossenbürg. Bonhoeffer und die anderen hat man schon erhängt. Nackt unter dem Galgen, doch dann führt man ihn wieder ab, Josef Müller, den Ochsensepp. Auf höchstes Geheiß. Man hebt ihn sich auf, will ihn als Geisel gebrauchen. Als Rechtsanwalt hat der Ochsensepp Regimegegner verteidigt, gehörte dem katholischen Widerstand an, hatte in Geheimverhandlungen im Vatikan versucht, einen Verständigungsfrieden mit England zu erreichen. 1943 hatte die Gestapo den im oberfränkischen Steinwiesen geborenen Ochsensepp verhaftet, ins berüchtigte Berliner Gestapo-Gefängnis gesteckt, nach Buchenwald gebracht, dann nach Flossenbürg verschleppt.

Adam Stegerwald und der Ochsensepp. Zwei Franken mit Rückgrat, die dem Tod ins Auge geschaut haben. Nach dem Krieg setzen sie sich mit Freunden zusammen, überlegen, wie es nun weitergehen kann. Eine neue Partei muss her. Das Zentrum ist nicht wiederzubeleben. Es ist zu partikulär, zu ausschließlich katholisch. Eine neue Partei will man gründen, eine christliche Partei, in der auch evangelische Christen eine politische Heimat finden, eine Partei, die keinen Separatismus betreibt wie die Bayernpartei. Stegerwald und der Ochsensepp werden zu Gründervätern der Christlich Sozialen Union, der CSU. Der Ochsensepp wird ihr erster Vorsitzender, Hans Ehard aus Bamberg 1946 ihr erster Bayerischer Ministerpräsident.

Ludwig Erhard

Die Fürther hatten immer schon gute Kaufleute hervorgebracht. Auch Ludwig Erhard (1897–1977) stammte aus einer Fürther Kaufmannsfamilie, mehr noch als der elterliche Betrieb aber interessierten ihn die Wirtschaftswissenschaften, die er in Nürnberg und Frankfurt studierte. Als die Amerikaner nach dem Zweiten Weltkrieg einen Wirtschaftsexperten für Bayern suchten, fiel ihre Wahl auf Ludwig Erhard. Er war ein überzeugter Kämpfer für die Marktwirtschaft und setzte seinen Kurs entschlossen fort, als er 1949 unter Adenauer Bundesminister für Wirtschaft wurde. Die Geschichte vom Wirtschaftswunder ist untrennbar mit seinem Namen verbunden. Erhard lehnte den Begriff stets ab. Kein Wunder sei das gewesen, sondern lediglich die logische Konsequenz einer erfolgreichen marktwirtschaftlichen Politik. 1963 wurde Ludwig Erhard zum Kanzler der Bundesrepublik Deutschland gewählt.

Henry Kissinger

Noch ein Fürther Junge. Dem traurigerweise keine sorgenlose Kindheit in Franken gegönnt worden ist. Als Heinz Alfred Kissinger zehn Jahre alt war, kamen die Nazis an die Macht, fünf Jahre später flüchtete die jüdische Familie vor dem Holocaust, 1938, im letzten Moment. Aus Heinz wurde Henry, Amerika wurde seine neue Heimat. Als Soldat der US Army kehrte er nach Europa zurück, übernahm nach dem Krieg die Aufgabe, in Südhessen Kriegsverbrechen aufzuklären und bei der Entnazifizierung zu helfen. 1947 begann er eine erfolgreiche Karriere als Politikwissenschaftler in den USA, brachte es bis zum Professor in Harvard.

1968, mit der Wahl von Richard Nixon zum amerikanischen Präsidenten, wurde Kissinger offizieller Berater für Außen- und Sicherheitspolitik, 1973 Außenminister. Besondere Anerkennung fand seine Rolle bei der Beendigung des Vietnamkrieges, wofür er 1973 den Friedensnobelpreis verliehen bekam. Auch die Aufnahme diplomatischer Beziehungen zum kommunistischen China sind sein Verdienst. In der ganzen Welt unterwegs, fühlte sich Henry Kissinger aber stets mit seiner Heimatstadt Fürth verbunden, gründete mit anderen die Bürgerstiftung Fürth und ließ sich auch als aktiver Politiker montagmorgens als Erstes den Spielbericht der Spielvereinigung Fürth vorlegen. Und wehe, das Kleeblatt hatte verloren!

Michael Poeschke

Im März 1901 wurde Michael Poeschke als neuntes Kind eines Schneidermeisters in Erlangen geboren. Der Vater starb, die wirtschaftlichen Bedingungen waren hart, früh musste der Junge neben der Schule auch für den Unterhalt der Familie sorgen. Während der Weimarer Republik trat Michael Poeschke für die Interessen der Arbeiter ein, wurde Mitglied der Erlanger SPD und 1924 zum 1. Vorsitzenden gewählt. Als die Nazis stärker wurden, kämpfte er auch als Journalist mutig gegen den Ungeist an. 1933 wurde er deshalb inhaftiert und ins KZ Dachau gesteckt, wo man ihn schlimm misshandelte. Nach dem Krieg kehrte er nach Erlangen zurück und legte als Oberbürgermeister der Stadt den Grundstein für ein blühendes Gemeinwesen.

Käte Strobel

Im Sommer 1907 wird dem Nürnberger Fritz Müller und seiner Frau Anna das vierte Kind geboren, eine Tochter. Käte wächst in Nürnberg auf, besucht die Volks-, dann die Wirtschaftsschule, macht anschließend eine kaufmännische Ausbildung. Schon früh interessiert sie sich für Politik, für soziale Fragen, wird Mitglied der SPD, der sozialistischen Jugendbewegung. Freizeitaktivitäten organisiert sie für Arbeiterkinder, steigt zur Landesvorsitzenden der Kinderfreundebewegung auf, der Vorläuferorganisation der *Falken*. Die aktive Frau ist in der SPD gefragt, wird in die Reichsleitung der Partei gewählt. Auch ihr Mann Hans Strobel, Schriftsetzer und Buchdruckmeister, engagiert sich als Sozialdemokrat. Als die Nazis 1933 die SPD verbieten, macht das Ehepaar Strobel im Untergrund weiter. Hans Strobel wird wegen Hochverrats verurteilt, für Jahre ins KZ Dachau gesperrt, dann in ein Strafbataillon geschickt. Käte Strobel muss die beiden kleinen Töchter allein durchbringen.

Nach dem Krieg und der Rückkehr ihres Mannes aus der Kriegsgefangenschaft macht Käte Strobel in der Politik weiter, ist von 1949 bis 1972 Mitglied des Deutschen Bundestages, viele Jahre als Ministerin für Gesundheit und Familie. Von 1958 an ist sie zudem Abgeordnete im Europaparlament, zwei Jahre sogar dessen Vizepräsidentin. Als sie das Rentenalter erreicht, zieht sie sich aus der Politik noch lange nicht zurück, sondern arbeitet viele weitere Jahre als Stadträtin in ihrer Heimatstadt Nürnberg, bekommt als erste und bislang einzige Frau die Ehrenbürgerwürde verliehen. Mit 89 Jahren stirbt Käte Strobel 1996 in Nürnberg.

Fränkische Rebellen – Aufstand in Ermershausen

Ermershausen. Ein Dorf mit etwa 600 Einwohnern. Eine erbitterte Auseinandersetzung hat sich hier abgespielt. Es ist die Nacht vom 18. auf den 19. Mai 1978, die Obstbäume stehen gerade in voller Blüte, als eine endlose Kolonne von Mannschaftswagen die schmale Straße zu dem Ort unweit der Zonengrenze entlangfährt, 2.000 Polizisten, die auf ihren Einsatz lange vorbereitet worden sind. Im Zentrum des schlafenden Dorfes, vor dem Rathaus, sitzen auf einer Bank zwei Männer. Zwei Männer aus dem Dorf, die Nachtwache halten. Plötzlich hören sie Motorengeräusche, helle Scheinwerfer werden aufgeblendet, die Polizeiwagen fahren direkt auf sie zu. Rasch versuchen die beiden Männer, in die Kirche zu flüchten, doch sie sind bereits entdeckt worden, werden von den Polizisten wieder herausgezerrt, der eine schreit laut um Hilfe. Von dem Lärm wacht schnell das ganze Dorf auf, alle kommen sie aus den Häusern gestürmt, rennen zum Rathaus hinüber. Doch der ganze Platz ist bereits abgeriegelt. Mit ohnmächtigem Zorn müssen die Ermershäuser mitansehen, wie die Polizisten alle Akten aus dem Rathaus schaffen, Kiste für Kiste, bis alles verladen ist. Dann beendet die Polizei ihre Aktion, fährt wieder davon. Zitternd, mit Tränen der Wut in den Augen, stehen selbst gestandene Männer da, hilflos, ohnmächtig, zornig. Nicht nur ihre Akten sind verschwunden, verschwunden ist auch ihre Selbstständigkeit und schlimmer noch: ihr Glaube an die Gerechtigkeit.

Angeordnet hatte die Aktion der bayerische Innenminister Alfred Seidl. Er beendete damit einen jahrelangen Streit. Um die Handlungsfähigkeit der Kommunen zu stärken, hatte man 1972 in München eine Gebietsreform für Bayern beschlossen. Kleine Gemeinden wurden größeren zugeschlagen. So sollte auch Ermershausen seine Eigenständigkeit verlieren und dem größeren Nachbarn Maroldsweisach angegliedert werden. Die Ermershäuser aber wollten nicht angegliedert werden. Warum auch? Bisher war man sehr gut mit der Selbstständigkeit zurechtgekommen, hatte ein eigenes Rathaus, eine eigene Bürgerverwaltung, einen eigenen, selbst gewählten Bürgermeister. Auf das alles sollte man künftig verzichten? Die Ermershäuser versuchten alles, dieses Schicksal abzuwehren. Sie wandten sich an die Politiker, richteten Petitionen an den Landtag, beschritten den Gerichtsweg. Alles vergebens. Weder das Verwaltungsgericht, noch das Bayerische Verfassungsgericht gaben ihnen recht. Aber selbst die negativen Urteile konnten die Ermershäuser nicht zum Einlenken bewegen. Sie taten einfach so, als hätte es die Gebietsreform nicht gegeben, behielten ihr Rathaus, behielten ihre

Akten. Als durchsickerte, man wolle ihnen die Akten mit Gewalt entwenden, formte sich umgehend Widerstand.

Die *Welle Mainfranken* berichtete: »Sirene, Glockengeläute, Schulkinder, die die Rathaustreppe mit Plakaten besetzt halten, Pulks empörter Bürger, das ist das Bild, das sich einem Durchfahrenden zur Zeit in der Gemeinde Ermershausen im Landkreis Haßberge bietet.«

Ein Dorf im Ausnahmezustand. In derselben Nacht dann die Polizeiaktion. War das Problem damit beseitigt? Im Gegenteil. Enger noch wuchsen die Menschen zusammen, gedemütigt vom Staat beschlossen sie, nicht aufzugeben, weiterzukämpfen. Transparente wurden aufgehängt, von jedem Fenster, jeder Hauswand rief es: »Wir machen nicht mit!« Man boykottierte das Rathaus in Maroldsweisach, besorgte sich notwendige Papiere auf konspirative Weise, organisierte seine Dorfverwaltung weiter selbstständig. Standen Wahlen an, so gingen die Ermershäuser nicht in die Wahllokale des Nachbarortes, sie stellten stattdessen ein Toilettenhäuschen vor das ehemalige Rathaus und warfen durch das offene Herz ihre Wahlzettel ein. Organisator des Widerstands war der ehemalige Bürgermeister Adolf Höhn. Jedes Jahr am 19. Mai, dem Tag des Polizeieinsatzes, versammelte sich das Dorf zum Gedenken.

Zehn Jahre gingen ins Land. Nichts bewegte sich. Verhärtet waren die Fronten, die Ermershäuser gaben nicht nach und erst recht nicht der Freistaat. Da trat ein adeliger Landwirt auf den Plan, Sebastian Freiherr von Rotenhan, schrieb einen Leserbrief, wusch den Ermershäusern den Kopf. Man könne nicht so tun, als hätte es die Gebietsreform nicht gegeben. »Wenn mein Mähdrescher nicht funktioniert und ich tue so, als ob er funktioniere, dann kommt halt die Ernte nicht rein, so einfach ist das.« Und Rotenhan machte einen Vorschlag, der auf den ersten Blick völlig abwegig erschien. Alle Ermershäuser sollen in die CSU eintreten. Auf einen Schlag. – In die CSU? Die Partei, der sie die Misere zu verdanken haben? Niemals! – Das war die erste Reaktion. Dann aber setzte Nachdenken ein und eine heftige Diskussion. Schließlich folgten die Ermershäuser dem Vorschlag, fast ganz Ermershausen trat in die CSU ein. Damit hatten sie wieder einen Fuß in der Tür. Plötzlich waren sie nicht mehr ohne

Sprachrohr, plötzlich durften sie mitreden, mitbestimmen. Im Kreisverband Haßberge waren sie nun mit 15 Prozent eine Größe, über die man nicht mehr hinwegregieren konnte. Der Plan ging auf, der Marsch durch die Instanzen wurde zum Erfolgsmodell. Mit den Stimmen der Ermershäuser wurde ein neuer Landrat gewählt. Drei Jahre später stimmte auch der Bayerische Landtag zu. Ermershausen war wieder selbstständig. Am 1. Januar 1994 wurde gefeiert. Das kleine, kriegerische Völkchen an der alten Zonengrenze hatte den Kampf gewonnen.

Ein dunkles Kapitel

Franken leuchtet – ohne Zweifel. Dennoch dürfen auch die wenigen finsteren Begebenheiten nicht verschwiegen werden, will man der Geschichte gerecht werden.

Wechselhaft war das Schicksal der fränkischen Juden. In vielen Orten wuchsen im Mittelalter blühende jüdische Gemeinden, nicht nur in den Städten, sondern auch auf dem Lande. In Fürth, dem »fränkischen Jerusalem«, gab es sogar eine Talmud-Hochschule. Viele Juden kamen nach Franken, weil man sie aus ihrer Heimat vertrieben hatte. Doch auch in Franken waren sie nicht sicher.

Ein besonders blutiges Ereignis war das Judenpogrom von Nürnberg im Jahre 1349. Nach dem Bau der Stadtmauer befand sich das jüdische Viertel mitten im Zentrum, dort, wo heute der Christkindlesmarkt stattfindet. Kaiser Karl IV., unter dessen Schutz die Juden standen, ließ sich von den Nürnberger Bürgern bestechen, sah der Vertreibung achtlos zu und griff nicht ein. Das Volk plünderte die Häuser, die flüchtenden Juden wurden beraubt, gefesselt und zum Maxfeld verschleppt. Dort tötete man etwa 500 von ihnen und verbrannte sie in einem riesigen Feuer. Ihre Häuser riss man ab und auch die Synagoge, an deren Stelle man die Frauenkirche errichtete. Trotz der Gräueltaten ließen sich erneut Juden in Nürnberg nieder, gegen die in der Hitlerzeit der selbst ernannte Frankenführer Julius Streicher mit seinem *Stürmer* in unerträglicher Weise hetzte und damit den Holocaust befeuerte.

Trotz oder vielleicht gerade wegen der fürchterlichen Verbrechen dürfen jedoch auch die vielen mutigen Versuche, das Leid der Juden zu mildern, nicht übersehen werden. In Arberg, im südöstlichen Landkreis Ansbach, wuchs in den letzten Kriegsjahren ein Mädchen auf, Charlotte mit Namen. Es sei ihr uneheliches Kind, behauptete die junge Mutter, deren katholische Familie einen Bauernhof am Ort betrieb. Vier Jahre blieb Charlotte auf dem Hof. Erst als das Hitlerregime zusammenbrach, erfuhren alle die wahre Herkunft des Mädchens: Charlotte stammte aus einer jüdischen Familie. Ihre Großmutter, bei der sie aufgewachsen war, hatte man ins KZ gesteckt und umgebracht. Die junge fränkische Frau aus Arberg hatte Ruf und Leben aufs Spiel gesetzt und durch ihren Mut das kleine Mädchen gerettet. Aus dem jüdischen Mädchen wurde eine engagierte Kämpferin für die Rechte der Juden im neuen Deutschland, Charlotte Knobloch, Präsidentin der jüdischen Kultusgemeinde München und Oberbayern, Vizepräsidentin des Jüdischen Weltkongresses, Präsidentin des Zentralrats der Juden.

Heute beginnt sich überall wieder jüdisches Leben in Franken zu regen, neue Gemeinden feiern in neuen Synagogen wieder ihre Gottesdienste.

Ein weiteres dunkles Kapitel ist das Martyrium und der Tod von Tausenden von Menschen, denen man vorwarf, mit dem Teufel im Bunde zu stehen. Allein in Bamberg kamen aufgrund von Hexenprozessen Anfang des 17. Jahrhunderts innerhalb von nur 20 Jahren über 1.000 Unschuldige zu Tode. Man quälte die Angeklagten so lange, bis sie gestanden, was man ihnen vorwarf und unter der Folter weitere unschuldige Bürger beschuldigten, sich ebenfalls mit Beelzebub eingelassen zu haben. Der Wahn ernährte sich selbst. Dadurch, dass der Bischof als Fürst zugleich die weltliche Macht ausübte, verschärfte sich die Situation. Eine solche Menge von Menschen wurde ergriffen, dass man für sie ein eigenes Gefängnis baute, das Malefizhaus. Selbst der Bamberger Bürgermeister Johannes Junius war unter den Opfern. Ergreifend schrieb er aus dem Kerker an seine verzweifelte Tochter: »Unschuldig bin ich in das Gefängnis gekommen, unschuldig bin ich gemartert worden, unschuldig muss ich sterben.«

Ebenfalls in die Zeit des finsteren Mittelalters glaubt man sich zurückversetzt, wenn von den Reichsparteitagen die Rede ist, als deren Veranstaltungsort Hitler die Stadt Nürnberg auswählte. Seinen Stararchitekten Albert Speer ließ er Pläne für ein riesiges Gelände erstellen, mit der Luitpoldarena als größtem Aufmarschplatz der Welt: 150.000 Parteigenossen konnten dort den Reden von Hitler lauschen. Auf dem Märzfeld mit seinen teilweise fertiggestellten Zuschauertribünen sollte gar eine halbe Million Menschen Platz finden, 50.000 Besucher in der Kongresshalle. Megaloman, jeden Vergleich sprengend, waren auch die Inszenierungen der Parteitage, Flaggenparaden, martialische Gesänge, Opern sogar. Flakscheinwerfer schossen Lichtdome in die Nacht, die gleichen Scheinwerfer, die nur wenige Jahre später den Himmel verzweifelt nach den tödlichen Bombern der Alliierten absuchen sollten.

Nürnberg war von Hitler auserwählt worden, weil er sich in der Tradition der alten Reichsidee sah und das geschichtlich so bedeutsame Nürnberg mit seiner Kaiserburg, seinen mittelalterlichen Reichstagen und dem Aufbewahrungsort der Reichsinsignien sein fanatisches Treiben historisch legitimieren sollte. Das Dritte Reich als Erbe der untergegangenen Vorläufer: des Heiligen Römischen Reiches und des Deutschen Reiches von 1871. Die Granitplatten des Parteitagsgeländes aber, die gewaltigen, behauenen Steinquader, auf denen die SA und die Parteigenossen mit ihren harten Lederstiefeln aufmarschiert waren, erzählen ihre eigene Geschichte. Zwangsarbeiter des Konzentrationslagers Flossenbürg, Juden, Kommunisten, Sozialisten und aufrechte Demokraten hatten den Granit unter menschenunwürdigsten Bedingungen zurechtmeißeln müssen, viele sind in den Lagern umgekommen.

Mit den beschriebenen dunklen Ereignissen stand Franken keineswegs alleine. Überall in Deutschland gab es Judenpogrome, Hexenverbrennungen und die Schreckensherrschaft der Nazis. Beispielhaft jedoch ist die Erinnerungskultur in Franken. In Nürnberg wurde das beeindruckende Dokumentationszentrum auf dem Reichsparteitagsgelände geschaffen, wie ein gläserner Pfeil durchbohrt der Eingang die massiven Mauern der Kongresshalle; die Straße der Menschenrechte am

Germanischen Nationalmuseum mahnt zur Achtsamkeit; der Nürnberger Menschenrechtspreis zeichnet mutige Menschen aus. In Fürth erinnert das Jüdische Museum an die reiche jüdische Kultur in Franken, eine Außenstelle in Schnaittach an das Leben der fränkischen Landjuden, in Schwabach kann eine historische Laubhütte aus barocker Zeit bestaunt werden. Und auch die verbrecherischen Ereignisse im Rahmen der sogenannten Hexenprozesse beginnt man aufzuarbeiten, durch Ausstellungen und wissenschaftliche Publikationen. Begangenes Unrecht können spätere Generationen nicht in Recht verwandeln, sich seiner zu erinnern aber bleibt unsere stete Verpflichtung.

Beispielhaft für die vielen mutigen Menschen in Franken, die sich Unrecht und Terror widersetzten, soll im nächsten Kapitel vom Schicksal Robert Limperts erzählt werden, eines jungen Mannes, der unter Einsatz seines Lebens seine Heimatstadt Ansbach vor der Zerstörung rettete.

Robert Limpert und die Rettung Ansbachs

Ansbach, Carolinum, November 1943, dunkle Nacht. Einige Schüler sind im Schulgebäude geblieben, sind zur Nachtwache eingeteilt. Sie überprüfen die schweren Verdunklungsvorhänge in den Klassenzimmern. Fliegeralarm. Noch ist keine Bombe auf Ansbach gefallen, noch sind nur die großen Städte das Ziel der britischen Luftgeschwader. In Berlin schlagen heute wieder die Bomben ein, 27.000 Menschen werden getötet; verbrennen oder ersticken in den verschütteten Häusern. In Ansbach ist noch alles ruhig. Die Jungen in der Schule vertreiben sich die Zeit. Man unterhält sich, manche spielen Karten, hin und wieder geht einer auf Kontrollgang. Der Morgen bricht an, nach und nach treffen die anderen Schüler und die Lehrer ein. Plötzlich herrscht helle Aufregung. Was steht denn da an den Tafeln? – »Ende mit dem Krieg!«, und: »Wer ist heute noch Nazi?« – Unerhört! Vergebens versuchen besonnene Lehrer, den Skandal zu vertuschen. Zu viele haben es bereits gelesen, zu viele Mitwisser gibt es, erzählen es aufgeregt weiter. Wer war der »Schmutzfink«? Befragungen finden statt, peinliche

Befragungen. Die meisten zucken die Achseln, haben nichts bemerkt, wollen nichts bemerkt haben. Dann doch ein Verdacht. Ja, der könnte es gewesen sein! Schnell wird ein Urteil gefällt: Schulverweis für Robert Limpert.

Anderthalb Jahre später. Der 18. April 1945, früher Morgen. Atemlos erscheint Robert Limpert vor dem Bürgermeister von Ansbach. Die Amerikaner stehen vor der Stadt! Sie sind schon zum äußeren Ende der Dombachstraße durchgebrochen! Übergeben Sie kampflos, oder die schießen alles zusammen! – Der Bürgermeister zaudert. Er hat Angst vor der Entscheidung. Wie würde der Kampfkommandant reagieren? Dennoch: Der Junge hat recht! Alles würde bald in Schutt und Asche liegen, wie in Würzburg, wie in Marktbreit. Nein, jetzt muss gehandelt werden: »Seien Sie mein Emissär, Limpert. Gehen Sie zur Gneisenau-Kaserne und melden Sie dort um zehn Uhr die kampflose Übergabe der Stadt.«

Limpert eilt hinaus. Auf dem Weg zur Kaserne dann die Schreckensnachricht: Der Kampfkommandant hat den Bürgermeister bedroht, will den Befehl zur Verteidigung der Stadt geben! Limpert rennt zum Elternhaus, nimmt die Pistole. Der Vater fasst ihn am Arm: »Was hast du vor?« Robert Limpert besinnt sich, nimmt stattdessen eine Kneifzange, stürmt hinaus, spurtet zum Schloss. Dort hat der Kampfkommandant seinen Gefechtsstand. Ein Kabel läuft von dort hinaus zu den vor der Stadt postierten Soldaten. Ist die Meldung schon durch? Limpert packt die Zange, durchtrennt die Leitung.

Zwei Hitlerjungen haben ihn gesehen. Sie laufen zur Polizeiwache. Robert Limpert wird abgeführt. Der Kampfkommandant erscheint. Er bestimmt ein Standgericht: »Ich verurteile Robert Limpert zum Tode! Hauptmann, haben Sie einen Mann, der das Urteil vollstrecken kann?« – »Dann vollstrecke ich es selbst!« Der Kampfkommandant lässt einen Strick holen, tritt nach draußen, findet einen Haken in der Mauer neben dem Rathaustor.

Ein Augenzeuge: »Während der Delinquent von den Schutzleuten festgehalten blieb, trat der Kampfkommandant vor ihn, legte ihm die Schlinge um den Kopf, zog sie mit beiden Händen über der Kehle fest zusammen. Schutzleute zogen ihn langsam empor. Der Delinquent hatte die Arme emporgehalten und fingerte sich an der Wand und der frischgemauerten Luftschutzmauer empor, da er unter sich wegen der im Eck liegenden Ziegelsteine immer noch Boden fand. Da bückte sich der Kampfkommandant und scharrte mit den Händen die Steine zu Füßen des Delinquenten weg. Da riss der Strick, der Delinquent fiel mit der Schlinge und einem Strickrest um den Hals auf den Boden. Schnell machte der Kampfkommandant eine neue Schlinge, legte sie dem am Boden liegenden neuerdings um den Hals, Schutzleute zogen wiederum an. Der Delinquent ließ jetzt die Arme hängen und hatte das Gesicht gegen die Gumbertuskirche gerichtet. Seine Füße standen noch immer auf dem Boden, aber sie trugen das Gewicht des eigenen Körpers nicht mehr. Mit eingeknickten Knien blieb er hängen.«

Der Kampfkommandant beschlagnahmte ein Fahrrad und floh aus der Stadt. Vier Stunden später rückten die Amerikaner ein. Die Kirschbäume blühten, als Robert Limpert auf dem Waldfriedhof begraben wurde.

Kaspar Hauser

Merkwürdige Geschichten gibt es in Franken viele, die vielleicht merkwürdigste aber ist die von Kaspar Hauser. Am Pfingstmontag des Jahres 1828 fiel einem Nürnberger Schneider eine armselige Gestalt auf. Am Unschlittplatz stand ein Junge, der kaum stehen, geschweige denn laufen konnte. Die Sonne blendete ihn schmerzlich, sprechen konnte er nur den Satz: »A Reiter möcht ich wern, wie mei Vatter einer gwesn is.« Er hielt einen verschlossenen Briefumschlag in den Händen, adressiert an den Rittmeister eines in Nürnberg stationierten Regiments. Der Schneider brachte ihn zu dessen Haus, aber niemand konnte mit dem seltsamen Fremden etwas anfangen. Auf der Polizeistation hielt man ihm Papier und Bleistift hin, worauf er sorgsam seinen Namen schrieb: Kaspar Hauser.

Wilde Spekulationen knüpfen sich bis heute an diesen Fall, viele hielten und halten ihn für einen beiseitegeschafften Thronfolger, den

Erbprinz von Baden, andere für einen Sohn Napoleons. Sein seltsames Zur-Welt-Kommen und sein ungeklärter, gewaltsamer Tod fünf Jahre später in Ansbach heizten die Fantasien an. Kaspar selbst, der sehr gelehrig war und rasch die Sprache erlernte, gab an, sich an nichts erinnern zu können als an ein dunkles Verlies, einen Keller, in dem er abgeschieden von der Welt gelebt hatte. Das Essen habe man ihm in der Nacht hingestellt, manchmal habe man ihm seltsam schmeckendes Wasser gegeben, worauf es um ihn Nacht geworden wäre. Als er wieder aufwachte, seien seine Haare und Nägel kürzer gewesen. Zwei hölzerne Pferde seien sein einziger Zeitvertreib gewesen. Zunächst wussten die Nürnberger nicht, wohin mit dem jungen Mann, den man auf 16 Jahre schätzte. Dann gab man ihn einem frühpensionierten Lehrer zur Obhut, Georg Friedrich Daumer, ein Glücksfall, denn der gelehrte und feinfühlige Mann kümmerte sich aufopferungsvoll um seinen Schützling.

Auffallend war, wie fein Kaspar Hausers Sinne in den ersten Wochen arbeiteten. Besonders seine Augen waren zu erstaunlichen Leistungen fähig. So konnte er bei stockdunkler Nacht Farben unterscheiden und von der Burg aus die Fenster des fernen Schlosses in Marloffstein zählen. Auch sein Gehör war hochsensibel; kam eine Gruppe von Menschen die Straße herunter, so vermochte er exakt zu sagen, wie viele Personen es waren, allein durch Unterscheidung ihrer Schritte. Selbst über einen magnetischen Sinn soll Kaspar anfangs verfügt haben, konnte angeblich sicher angeben, mit welchem Pol ein versteckter Magnet auf ihn zeigte. Seine Wesensart war auffallend zart und friedlich, sein Herz voller Mitleid angesichts der Grausamkeiten der Welt. Ein Kruzifix von Veit Stoß, der Anblick des leidenden Christus, schockierte ihn dermaßen, dass er zitternd zusammenbrach. Keiner Fliege konnte er etwas zuleide tun, ja, er verstand nicht, dass man einen Floh in seinem Zimmer tötete. Aufregen konnte er sich nur, wenn man ihm etwas erzählte, das er nicht verstand. Das verwirrte und ärgerte ihn. Zwei Gruppen von Menschen waren ihm verleidet: die Ärzte, die ihn mit verschiedenen Arzneien traktierten, und die Pfarrer, die ihn zum Christenmenschen machen wollten. Ihr Gerede war für Kaspar unverständlich und unglaubwürdig. Wie konnte jemand allmächtig sein? Wie konnte jemand überall zugleich sein? Erst als es ihm sein Lehrer Georg Friedrich Daumer erklärte, verstand er das Gesagte. Daumer hielt seine Hände vor sich und bewegte zuerst die eine Hand, dann beide Hände zugleich. Daran könne Kaspar erkennen, dass der Wille eines Menschen zugleich an zwei verschiedenen Orten wirksam werden könne. So sei es auch mit Gott.

Kaspar Hauser gewöhnte sich nur mühsam an die Ansprüche der Welt. War er zunächst in völliger Einsamkeit eingekerkert gewesen, so wurde er in Nürnberg zum Sensationsobjekt, begafft und bestaunt von unzähligen Menschen. Oft wünschte er sich, so seltsam das klingt, in seinen Kerker zurück, in die dunkle, stille, wohlgeordnete Welt seines Gefängnisses. Keinen Groll empfand er gegenüber seinen Peinigern, nur dass man ihm das Licht der Sterne vorenthalten hatte, das beklagte er. Mit seinen einzigartigen Augen betrachtet war der Sternenhimmel kein Teppich aus schlichten, monochromen Lichtern, Kaspar Hauser sah ihn in den unterschiedlichsten Farben leuchten: gelbe, rötliche, bläuliche bis ins Violette changierende Sterne, Spiralen, Ringe, blinkende Haufen. Niemand zuvor und wohl auch niemand danach hat den fränkischen Sternenhimmel jemals in solch bunter Pracht glänzen gesehen.

Die Franken und die lieben Bayern – ein spannendes Kapitel

Damit kein Missverständnis aufkommt: Sie lieben sich, die Franken und ihre bayerischen Nachbarn. Zumindest, was die Menschen betrifft. Etwas anders ist die politische Ebene. Hier kommt es gelegentlich zu Sticheleien, Reibereien und kleineren Gefechten. Um die Spannungen zu verstehen, muss man in die Geschichte hinabsteigen, bis zum Anfang des 19. Jahrhunderts. Da ritt ein kleiner Korse quer durch Europa, kassierte dabei auch das schöne Frankenland und weil der bayerische Kurfürst ihm Waffendienste leistete, bekam dieser im Gegenzug das Frankenland geschenkt und wurde zum König erhoben. Bis zu diesem Datum waren die Franken kräftig damit beschäftigt, über ihre fränkischen Landesherren zu schimpfen, die Strullendorfer über den

Bamberger Fürstbischof, die Kleinrinderfelder über seinen Würzburger Kollegen, die Oberkotzauer über den Markgrafen von Bayreuth und die Wicklesgreuther über dessen Ansbacher Pendant, die Nürnberger hingegen beschwerten sich am liebsten über ihre faulen und geldgierigen Patrizier. Nun aber, wo all diese etablierten Herrschaften abgesetzt waren, schimpfte man gemeinsam über den Fremdherrscher in München und das lauter als je zuvor, denn wenn schon geschimpft werden muss, dann bitte schön über die eigenen, die fränkischen Fürsten. Natürlich hatte die Schimpferei auch ihre Berechtigung. In Ermangelung psychologischer Berater gingen die bayerischen Herren nicht gerade geschickt mit ihren neuen fränkischen Landeskindern um. In Bamberg rissen sie als erstes die alte gotische Kirche Sankt Martin ab, plünderten die Schatztruhen, zerstörten wertvolles liturgisches Gerät, indem sie die Edelsteine herausbrachen, stopften Gold und Silber in große Truhen und ließen sie nach München schaffen. In der ehemals freien Reichsstadt Nürnberg und im ganzen Frankenland räuberten sie auf gleiche Weise, Kaufmannsfrau Merkel fiel ihren Kindern weinend um den Hals und rief: »Ihr armen Kinder, nun seid ihr Fürstenknechte!« Dazu kamen die Eingriffe im Bildungswesen. Die Bayern waren bis dato mit einer Universität ausgekommen, warum bloß hatten die Franken so viele davon? Wollten sie etwa schlauer sein als die Bayern? Die Bamberger und auch die renommierte Altdorfer Universität mussten zusperren. Schwerwiegender noch waren die Kürzungen im sozialen Bereich. Viele Klöster, denen die Kranken- und Armenfürsorge oblag, wurden aufgelöst, und ihr Besitz konfisziert, ohne dass das Land Bayern Ersatz für die Bedürftigen geschaffen hätte. Das sorgte neben dem Gefühl, nun fremdregiert zu werden, für zusätzliche Wut. Spätere Generationen bayerischer Könige versuchten, das Land zu befrieden und für Ausgleich zu sorgen. Wirtschaftlich begann Franken mit dem überaus erfolgreichen industriellen Zentrum in Nürnberg wieder zu prosperieren. König Ludwig II., der Kini, wollte gar den Regierungssitz von München an die Noris verlegen, wo es ihm weit besser gefiel, wurde aber von seinen bayerischen Ministern im letzten Moment zurückgepfiffen. Seine modernen Nachfolger, die bayerischen

Ministerpräsidenten, machen es geschickter, sie wählen die Salamitaktik. Nach und nach werden Ministerien, Behörden und Ämter nach Franken verlagert, bis eines Tages vielleicht auch die Staatskanzlei … Nun, so weit wollen wir nicht denken. Jedenfalls sind, auch durch permanentes fränkisches Bohren, Hoffnungszeichen nicht zu übersehen. Auf der Nürnberger Kaiserburg weht neben den weißblauen Rauten seit 2016 nun auch stolz der Frankenrechen und selbst der *BR* macht schon Kompromisse und lässt in der beliebten Soap »Dahoam is dahoam« den ein oder anderen Nebendarsteller fränkisch waafen. Fehlt nur noch die Begrüßung »Willkommen in Franken« an den Autobahnen und, dass der Club endlich wieder deutscher Meister wird! Das Wichtigste aber ist und bleibt, dass sich die Menschen im Freistaat, die Franken und die Bayern, weiterhin gut verstehen, vielleicht, weil sie sich ähnlicher sind, als man glaubt. Sympathische Sturköpfe jedenfalls sind sie beide. Und wenn gelegentlich gefrotzelt wird und man in München zu hören bekommt: »Man muss Gott für alles danken, selbst für einen … « revanchiert sich der Franke lächelnd mit dem Lied: »Das bayrische Klima, das hobb ich so gern, in Bayern wär's prima, wenn die Bayern nedd wär'n.«

Das Franken-Quiz

Zum Ende ein kleiner Test: Wer ist der größte Frankenexperte? Vierzehn zugegeben knifflige Fragen:

1. Was meint ein Franke, wenn er fragt: »Babbd des Babbala a afam Babbkardon?«
2. Wonach gelüstet es dem Bamberger, wenn er »a U« bestellt?
3. Welches Tier bezeichnet der Franke als Haichemuggel?
4. Wie nennt der Franke einen schlitzohrigen jungen Mann?
5. Das fränkische Erfinder-Gen ist legendär. Welche Erfindung verdanken wir dem gebürtigen Wurlitzer Hans Vogt (1890–1979)?
6. Was ist ein Gnäzzla?
7. Wo kann man auf einer stehenden Welle reiten?
8. Die Frage, wer der Bamberger Reiter war, ist bis heute unbeantwortet. Was man aber weiß, ist, welche Fellfarbe sein Pferd ursprünglich hatte. War es ein Rappe, ein Brauner, ein Fuchs oder ein Schimmel?
9. Wo baute man für einen verschütteten Tropfen Messwein einen der schönsten Altäre Deutschlands?
10. Wie heißt das letzte Boot, mit dem man sich noch auf dem alten Ludwigkanal treideln lassen kann?
11. Was meint der Franke, wenn er von einer Erpfl spricht?
12. Wo wurde der Quizmaster Thomas Gottschalk geboren?
13. Das Frankenland ist auch deshalb so abwechslungsreich, weil es so viele verschiedene Mittelgebirge gibt. Wer von Ihnen schafft es, mindestens 7 Mittelgebirge zu nennen, die ganz oder teilweise in Franken liegen?
14. Was ist der erste bezeugte Weinort Frankens?

Antworten:

1. Der Fragesteller ist sich unsicher, ob der Aufkleber auch auf einem Pappkarton kleben bleibt.
2. »a U« ist ein ungespundetes Bier, also eines, dem bei der Gärung durch ein nicht verschlossenes Spundloch die Kohlensäure entzogen worden ist. Bekömmlicher.
3. Ein Haichemuggel ist keine Figur bei Harry Potter, sondern ein Marienkäfer.
4. Typischerweise nennt er ihn einen »Fregger«, oft »Su a Fregger!«. »Fregger« ist eigentlich die Abkürzung für einen verreckten Hund, tatsächlich aber meist als Kompliment gemeint. Steigerung: »A eeländer Fregger!« (Oberfränkisches Wort des Jahres 2020)
5. Hans Vogt beendete die Ära des Stummfilms, indem er den Lichtton erfand. Der erste Tonfilm lief am 17. September 1922 am Ku'damm. Daneben war der geniale Oberfranke unter anderem an der Erfindung des Umluft-Elektroherds beteiligt.
6. Unter Gnäzzla versteht man die Brotkante: »Das Gnäzzla iss fer mich dess Höchste vom ganzen Brood.«
7. Auf der Pegnitz zwischen Nürnberg und Fürth. Unbedingt ausprobieren!
8. Ein Schimmel, genauer gesagt, ein Apfelschimmel. Das ergaben winzige Farbreste, die man gefunden hat. (Die ganze Plastik ist ursprünglich bemalt gewesen.)
9. In Rothenburg ob der Tauber. Der Tropfen wurde angeblich beim Abendmahl verschüttet und durch die Wandlung zum Blut Christi. Um die Reliquie angemessen aufzubewahren, ließ man Tilmann Riemenschneider den Heilig-Blut-Altar schnitzen, zu bewundern in der Jakobskirche.
10. Elfriede heißt der Kahn, gezogen vom Kaltblüter Florian geht es bei Burgthann gemütlich dahin. (An Sommersonntagen, Fahrplan unter www.burgthann.de/leben/sehenswertes)
11. Erpfl ist die fränkische Kurzform von Erdapfel, also der Kartoffel. Original fränkische Erpfl sind die Bamberger Hörnlein, unter denen

man nicht nur die bekannten Buttercroissants versteht, sondern auch die im Bamberger Land angebauten Kartoffeln mit Charakter. Eine jede sieht anders aus, schmecken aber tun sie alle. (Geheimtipp für einen Kartoffelsalat.)

12. Thomas Gottschalk wurde in Bamberg geboren und wuchs in Kulmbach auf.
13. Rhön, Spessart, Steigerwald, Fränkische Schweiz, Hersbrucker Schweiz, Haßberge, Fichtelgebirge, Frankenwald, Frankenhöhe. Auch auf den Südhängen des Thüringer Waldes wird Fränkisch gesprochen.
14. Hammelburg an der fränkischen Saale wurde im Jahr 716 n. Chr. erstmals urkundlich erwähnt, bereits 777, also gute 60 Jahre später, wurde der Anbau von Wein bezeugt. (Sieben, sieben, sieben – Hammelburger Reben.)

DEUTSCHLANDS SCHÖNSTES REGIONALBUCH 2019

Helmut Haberkamm · Annalena Weber
Kleine Sammlung fränkischer Dörfer
Hardcover
224 Seiten
ISBN 978-3-86913-990-6

»Eine einzige Liebeserklärung an das Leben auf dem flachen Land. Eine wahre Schatzkammer an Geschichte und Geschichten.«
Hohenloher Tagblatt

»Ein facettenreiches Kaleidoskop Frankens.«
Neue Presse Coburg

FÜR AUSFLÜGE IN FRANKEN

Der große Ausflugs-Verführer Franken
45 abwechslungsreiche Stadt- und Landtouren
Klappenbroschur
343 Seiten
ISBN 978-3-7472-0356-9

Der Ausflugs-Verführer Franken für Familien
35 familienfreundliche Ausflugsideen
Klappenbroschur
240 Seiten
ISBN 978-3-7472-0420-7